孔子

那久远的未来之路

[韩] 姜莹基 著
强恩芳 禹正贤 李聪聪 译

北京大学出版社
PEKING UNIVERSITY PRESS

著作权合同登记号　图字 01－2013－6094 号

图书在版编目(CIP)数据

孔子,那久远的未来之路/(韩)姜莹基著;强恩芳,禹正贤,李聪聪译. —北京:北京大学出版社,2014.7

ISBN 978－7－301－24029－8

Ⅰ. ①孔…　Ⅱ. ①姜…　②强…　③禹…　④李…　Ⅲ. ①儒家　②《论语》－研究　Ⅳ. ①B222.25

中国版本图书馆 CIP 数据核字(2014)第 050288 号

书　　　名:孔子,那久远的未来之路

著作责任者:[韩]姜莹基　著　强恩芳　禹正贤　李聪聪　译

责 任 编 辑:董郑芳(dongzhengfang12@163.com)

标 准 书 号:ISBN 978－7－301－24029－8/C·0996

出 版 发 行:北京大学出版社

地　　　址:北京市海淀区成府路 205 号　100871

网　　　址:http://www.pup.cn　新浪官方微博:@北京大学出版社

电 子 信 箱:ss@pup.pku.edu.cn

电　　　话:邮购部 62752015　发行部 62750672　编辑部 62753121
出版部 62754962

印　刷　者:北京大学印刷厂

经　销　者:新华书店

730 毫米×980 毫米　16 开本　18.75 印张　220 千字

2014 年 7 月第 1 版　2014 年 7 月第 1 次印刷

定　　　价:48.00 元

中文版序言

世界上畅销不衰的图书有两种:一种是在欧美地区被广泛阅读的《圣经》,另一种是在中国、日本、韩国、越南等亚洲地区被广泛阅读的《论语》。作为宗教书籍的《圣经》除外,《论语》是人类孕育出来的最高价值著作。

《论语》不是单纯的道德论。莫论古今、抛开国家和人种的差别,对于个人而言,《论语》是智慧与精神的根源;对于政治家而言,可以使之成为受人尊敬的领导者;若适用于国际关系上,则可以增进睦邻友好。无论社会经济体制如何,在任何时代、任何社会,《论语》都是指明人际关系核心原则的指南。

不管是国家领导者还是市井乡民,《论语》都是他们的人生指针,地方行政官员尤其是受《论语》恩惠最多的人。孔子周游列国游说诸侯,从现代人的观点上看,诸侯国的当政者们就相当于现在地方政府的领导者,孔子教导诸侯国当政者的内容构成了《论语》的核心。

我在大学课堂上教授行政学与地方政务,因此有着与现有的《论语》研究者相当不同的记忆和想象通道,以此为钥,才得以深入《论语》的世界。我从孔子游说各诸侯国时曾面见和教导过的诸侯与当政者的思考与态度上发现了解释《论语》的端绪，想象着“在当前的状况下，若孔子处理地方政务，他又会怎么做”，并撰写了本书。

《孔子：那久远的未来之路》一书能够在《论语》的诞生地——中国出版，我由衷的高兴。一想到在中国参与地方政务的同仁能够阅读此书，就已经有了与中国成为朋友的强烈愿望。以本次出版为契机，我愿为成为更加精进的学者而努力。同时，向为出版此书而辛苦工作的各位致以最诚挚的谢意。

姜莹基

2013 年 9 月于乡富塾

写给我自己的《论语》(代序)

现在,人们的生活节奏比以往任何时候都快,但同时,快节奏带来的是空虚。越是认真生活的人,越容易陷入琐碎的事务之中,失去其远大目标。农夫如果只盯着犁耕地,地垄就会歪歪扭扭。要使地垄笔直,耕地时就得看着前面远处的大树。要想不虚度此生,就要像耕地的农夫那样望着远处,为自己的人生确立一个目标,有意识地进行自我经营。

人们之所以不善于进行自我经营,是因为总是把知识置于智慧之前。说是适应变化无常的社会,但将品德置于技术之前,将“知识的学问”置于“智慧的学问”之前,其结果只会是导致自我经营的失败。比知识更重要的是通过思索与反省积累起来的生命的智慧。对我们来说,当务之急是通过智慧的学问积累内在的品德。

为了通过智慧的学问进行自我反省,寻找新的自我,我开始了《论语》之旅。当我被无法控制的希望冲昏头脑的时候,当我虽然正确却遭到诽谤的时候,当我用所掌握的零碎知识解释不了疑难问题的时候,我就去读《论语》。一读《论语》,就会不断反省与赞叹,我那急躁的呼吸也会因孔子平和的口吻而平稳。

我想通过《论语》的暗示，学习和解开很多问题：想学“贫贱不能移”的精神，想学披荆斩棘的热情，也想仿效身为教育者所必要的学习、教育、等待之忍耐力。本书当初并不是想要出版的书稿，而是想要回顾我自己的备忘录。但与其独自保存，不如与需要这些的人共享，所以就把部分内容刊登在一些杂志上，现在又把这些补充编辑成书。

《论语》中记载了生活在苦难岁月、在反复的挫折与绝望中为拯救社会而苦苦挣扎的孔子及其弟子的思想。但《论语》中只记载了结论，表面上看似乎只罗列了教训或格言。我们阅读《论语》的时候要思考，在那浓缩的语句中蕴含着怎样的历史与文化，得出那种结论的背景是什么。

《论语》的语句犹如暗示，随不同的读者可能产生各自不同的想象与解释。暗示意味深长，问题在于解读暗示并非易事。但解开《论语》深刻含义的线索，却可很容易地发现，就是找到与孔子相遇的人或弟子，线索立即出现。孔子游历过许多地方，教导过当地的首领或官僚。孔子为什么要教导他们，想在他们身上成就什么？解析《论语》最基本的线索就在于此。

我通过《论语》这一记忆与想象的窗口，收获甚多。通过《论语》，我解开了之前百思不得其解的问题，诸如领导能力的根本问题、地方自治①的基本原理等。《论语》使我茅塞顿开，这些都是难以想象的。但得到这种结果绝不是意外的，因为孔子的人生以学习、教导与等待一以贯之，想实现“自律的人间、自治的地方”。《论语》是其热情、苦难

---

① 地方自治：1995 年，韩国实行政治体制改革，推行以道、郡、市为单位，由选民直接选举出各道、郡、市的行政首长，并由辖区内居民自主处理辖区基本事务的地方自治制度。由此产生的地方治理主体拥有较高的独立自主权力，被称为“地方自治团体”、“地方自治机关”。——译者

以及智慧的记录。

《论语》中始终贯穿着个人管理与地方治理。《论语》中包罗着政治与行政的基本原理、人际关系与领导能力的根源、地区开发及其举措的方向、教育训练的原理与方法、应对变化与推进改革的态度、人事行政的原则、领导的使命与公务员的作用,甚至地方分权的原理与方向等等。《论语》是个人修养与城市治理的经典,是最古老的教科书。

孔子周游天下,不厌其学,诲人不倦。在韩国,对于《论语》,人们只停留在汉文名句的解释和应用上,并不看重孔子的个人管理、城市管理及国家治理的文化脉络。有必要让《论语》复活,以便使它成为在当今的现实中人们有智慧地思索和行动的指南。本书正是基于这种目的而写就的。

根据阅读目的和应用领域的不同,可以衍生出符合多种专业领域的"论语"。本书不过是若干题材"论语"中的一种,试图将孔子的思想用今天的语言解释成"个人自律与区域管理"的观点。因此,本书可能对关心区域自治与社区管理的读者有价值。本书又是以个人管理为基本内容,所以从家庭主妇到政治家都会感兴趣。本书的题目为《孔子,那久远的未来之路》(原名《论语的自治学》),但随不同的读者又可以成为《论语与管理》、《论语与个人》等等。

就资历与修养而言,笔者不论在哪个层面都不足以谈论智慧的学问,尤其不足以解读《论语》。今敢于写专业性的《论语》,实在有冒昧之嫌。明知属于贪心,却在自己的备忘录上画蛇添足的理由只有一个:不管是谁,都应该写一本属于自己的《论语》。本书是笔者写给自己的《论语》。不是产生灵感才写文章,而是写文章才产生好的灵感。同样,总想着好事,就会发现自己正在做着好事。所以说,如今所有人都应该写自己的《论语》。

本书的出版得到很多人的帮助。尤其因笔者知识浅薄，难以理解《论语》原著，参考了很多已经出版的《论语》译著。其中最具代表性的几种有《论语》（朴琪凤，比峰出版社）、《孟子》（朴琪凤，比峰出版社）、《论语》（张基槿，平凡社）、《论语》（吉田贤抗，明治书院）等。除此之外，本书得以问世，还受到诸先生的指导与爱护。其中崔昌浩老师的关怀与激励，始终成为我努力的动力。安惠园、金贤珠、崔钟渊诸位负责校对，帮助匪浅。特别要向题写书名（韩文版）的申荣福先生谨致谢忱。

我夜以继日、无节无假地付诸书斋寒窗，家人表现出极大的耐心与理解，在此也致以感谢。

姜莹基

2006年3月于乡富塾

目　录

第一编　耕耘梦想

第五编　用宇宙的大原理经营

第一编 耕耘梦想

第1章　信则立

信则立。如果一个朝廷失去了民心，即使拥有强大的军事力量也无力回天。如果一个村庄不相信政治，邻里猜忌，那将无法迎接未来。政治，就是构建信任之事。人们因为信任，所以期待；因为期待，所以信任。由此可见，信任是期待的载体。相信自己，相信社会至关重要。

民无信不立吗

治理国家，最重要的是什么？

子贡问政。子曰："足食，足兵，民信之矣。"子贡曰："必不得已而去，于斯三者何先？"曰："去兵。"子贡曰："必不得已而去，于斯二者何先？"曰："去食。自古皆有死，民无信不立。"（《论语·颜渊》7）①

孔子教导人们，不论出于什么原因，都不可丢弃信任。因死亡而结束人生是人类难以逃脱的绝对性结局。人们在面对生死抉择时，可以抛弃的有很多，但誓死不能舍弃的，便是信任。

---

①　杨伯峻：《论语译注》，中华书局2009年版，第124页。本书出现的《论语》原文全部引自此书，在此向杨伯峻先生致敬。——译者

缺乏信任，社会就会解体。信不过政治，信不过他人，到一定地步时，社会必将崩溃。古往今来，政治在本质上没有差异：信与不信。只有国民和为政者相互信赖，政治才会正常运转。就像一个没信任的当政者不被国民所接受一样，缺乏信任的国家也不可能立于世界民族之林。

被不信充斥着的社会特征之一，就是将责任一味地推卸给别人。在韩国，小商铺的顾客少了，要怪总统；公交车司机待乘客不亲切，更要骂政府。前几年韩国出现了400万信用不良者，一个重要因素是，为了克服金融危机，政府鼓励了赊账消费。老百姓不顾自己的能力，胡乱高消费。债务者因还不起赊账消费的钱而夜不能寐，债权者因怕收不回钱而辗转反侧。如今韩国军备空前强大，储粮空前充足，但国民的忐忑不安感却与日俱增，究其原因是我们生活在不可信任的社会。如今我们受折磨的根本原因在于互不信任，不愿意心平气和地等待，而是被焦虑和空虚的不安心理火上浇油。究其根底，就是不自信，认不清自己的价值，又不相信他人。

如今我们的社会变得越来越刻薄，越来越险恶，同样是由于互不信任所致。于是，我们急需恢复自信：相信自身价值，相信自己会拥有美好的未来。

国政四患

我们现在面临这样的一个选择：要么弄清受折磨和痛苦的原因，并予妥善解决；要么继续毫无期待地彷徨下去。如果我们走错一步，即使我们能承受住巨大的痛苦，最终还要掉进绝望的万丈深渊。因此，即使花费很多时间，也要选择正确的道路。明明主体报废了，仅凭更换零部件是解决不了问题的。出了问题，不能治标不治本。

要想掌握本质，首先就要彻底认清自己。现在我们的社会深陷于不信和无秩序之中，最终导致了“伪、私、放、奢”四病的产生，即所谓的“国政四患”。下面，让我们看看在韩国肆意猖獗的“四患”的症状。

第一，我们的政治充满谎言，此症名为“伪善”。大多数从政人员都以高官厚禄为追求目标，为实现自己的理想社会而奋斗的人极少。前者的行为特点是表里不一、前后矛盾。他们在竞选演说中信口开河，到处开空头支票，损失了大量的人力、物力。造成严重后果以后，只轻描淡写地哼一声：“那有什么大不了的?”还反而责怪民众。他们出尔反尔，还不解释其原因。虽然这样，大部分选民仍对政治袖手旁观，好像与己无关，并时不时地说些指责的话。正是这样的市民造就了不良的、只贪恋官位的领导者。

第二，忘记国家与社会的公共利益，一味攫取私人利益，此症名为“私”。烧制瓷器首先要烧热瓷窑，但是很多人并不想烧窑，只想毁窑取瓷。不顾公司存亡的劳工运动，只顾自己腰包的老板，只贪图安逸的官僚等，比比皆是，数不胜数。老百姓也同样如此。一味主张权利，却不想与部门联合，建造美丽的景观和美好的城市。在以“我”为主、为“我”所用的城市里，我们需要反省正在成为“坏人”的自己。

第三，无视法律和原则，“赖”字当头，陷社会于无法和放纵状态，此症名为“放纵”。将无理的行为当作勇气，假装正直，更有甚者，还会在别人的伤口上撒盐。很多组织成员只主张权利，却无视义务；很多市民团体不顾全大局，却有意制造矛盾、煽动对立。我们不得不面对只要“利”、不要“理”而导致的经济崩溃。我们要深刻认识到，骄恣放纵会凌驾于组织之上，带来的后果将是惨痛的。

第四，名为“奢”的病毒正在侵蚀全社会。奢侈，即通过铺张浪费的物质消费来证明自身价值的自欺欺人的愚蠢行为。人的价值最终是蕴藏在内在文化价值上，因此提高自身价值重点在于培养自己的文化素质。越是没有文化的人，越想用金钱证明自己的存在，以填补其内心的空虚。如此看来，奢侈非但不能创造自身价值，而且缺乏自信的欺骗行为只能把自己变得越来越渺小。在我们周围，有很多人在通过高消费欺骗自己，又欺骗他人。无法相信自己的人是无法相信他人的。所以说，奢侈是一种社会问题。

风吹草偃

在这种困境下，我们应该在哪里寻找突破口呢？一个社会处于无规范的状态，是不是只要严肃法律、增强权威就可以恢复秩序呢？此言差矣。一个社会或一个时代如果到了无规范的状态，公权力必然也会丧失。这种现象可以在美国找到例子。当卡特里娜飓风席卷美国新奥尔良地区时，新奥尔良 15% 的警察(249 名)擅自离岗。更有甚者，当城市因飓风陷入抢劫和纵火的地狱时，有不少警察也加入趁火打劫的人群之中。

子曰：“道之以政，齐之以刑，民免而无耻；道之以德，齐之以礼，有耻且格。”(《论语·为政》3)

即使政府再健全，法律和权力发挥的作用也是有限的。尽管如此，还要用法律解决一切问题，那么该社会一般国民的道德水准将跌落到底。他们认为只要不触犯法律，做什么事情都无所谓，也不会觉得羞耻。在一个意识和纲纪都崩溃的社会里，即使将各类恶人绳之以法，也无法扭转歪风邪气。即使横扫一切恶魔，该社会也不会干净起来。

鲁国大夫季康子无法掩饰自己的无能，向孔子请教。孔子与季康子的谈话意味深长。

季康子问政于孔子曰："如杀无道，以就有道，何如？"孔子对曰："子为政，焉用杀？子欲善而民善矣。君子之德风，小人之德草。草上之风，必偃。"（《论语·颜渊》19）

孔子之所以强调德治，把德治放在法治之上，是因为受到了时代背景的影响。孔子的家乡鲁国和郑国、晋国等都是"小国寡民"社会，为了有效地治理国家，君主有必要以身作则，使国民受到思想上的教化。

今天的韩国是法治国家，主张德治是不是落后于时代的表现呢？下面让我们看看万事以法律为基准的美国社会。在美国，律师成为不可或缺的存在，人们的日常生活都要受到法律的支配。然而在律师众多的洛杉矶和新奥尔良，地震一发生，变成了怎样的一番景象？一下子沦为抢劫、杀人、纵火、无法无天的地狱之城，自尊一扫而光。

在美国监狱服刑的人口占成年人总人口的1%。据《纽约时报》报道，3亿美国人中有232万人在监狱中度日。假设美国有2.3亿成年人，那么每100个成人中就有1个人在吃牢狱饭。相比之下，每10万人中，美国有751人服刑，而韩国只有97人。由此看来，美国犯罪率之高令人吃惊。《纽约时报》指出，美国每年用于罪犯的劳改费和医疗费占国家预算的7%。

现实告诉我们，单靠法律是不能解决根本问题的。造成韩国各阶层之间不和谐的最主要的因素是极少数富人的房地产等投机行为。这个社会问题,单靠消灭5万余名投机分子是得不到解决的。如果社会价值观念不改变,不开辟新的投资领域,即便他们被消灭了,还会有数以十万计、百万计的投机分子或潜在投机分子重新卷入投机的热潮中。

纵观历史,在韩国备受国民爱戴的领导都是具有儒家风范的人。韩国国民对于一般群众的失误往往表示沉默,但对于领袖人物的失误则会大肆渲染、恣意夸大。人们对领导者道德修养期待很高的理由很简单,“风过而草必偃”,做出表率,以身作则,是领导能力的根本所在。所以说,如果你想成为国家领导人,即使够不上是圣人君子,最起码也要没有严重道德缺陷。

信则不疑

以信任为基础的各类组织依靠其成员之间通力合作,其核心力量才能逐渐壮大起来。信任会使人们产生共鸣,共同享受改革的硕果,并使组织成员能动地应对变化。相互信任会减少管理费用,增强创造力。信任指数与人们信任的程度成正比。像信任这样的道德资源,使用得越多,增加得越多,如果不使用就会干涸枯竭。

信任有自我强化(self-reinforcing)和储蓄、良性循环的功能,与此相对,不信任有恶性循环的弊端。根深蒂固的不信,连动员人们参与克服不信的举措都很困难。一旦猜忌产生就连认识到信任的正确性也很难。治愈根深蒂固的“不信”很难，原因就在于此。①

在这个世界上，只要行使权力的组织被黑幕所掩盖，那里就会像自然界滋生霉菌一样，滋生舞弊和腐败。如果为了杀灭霉菌而一味地使用超强的药剂，那么该药剂会产生更大的副作用和毒性。为铲除舞弊和腐败，制定严厉的惩罚措施，使用强硬的手段，那么组织会变得僵化，产生比舞弊和腐败更大的副作用。

因此，在解决腐败问题的时候，应尽可能不用药剂，也不使组织僵化。信息公开是具有日光消毒作用的一剂良方。无论何地，改革的首要任务，都应是坚持“说明责任义务”和“信息公开”的原则。政府现行事业为什么要做，目前做得怎么样，有何成效？说明这些事项，是所有改革的基础。今天，市民对政府政策的形成、制定、执行、评价等信息有知情权，即来源于此。

但信息公开本身并不能提高公民的信任程度。隐藏信息是孕育不信的祸根，所以说，信息公开只是抹去不信的最起码的行为而已。让每一个市民都理解和接受政府的施政方针，至关重要。但真正做到这一点，绝非易事。即使可以做到这一点，即把所有的东西一一说明完了之后，终于建立起了相互信任的关系，到这时也应认识到，此前尚未真正建立这样的信任关系。

子曰：“民可使由之，不可使知之。”（《论语·泰伯》9）

有人将此理解为“可以让老百姓跟着做，但不可能让他们知道为什么”。不真正知道孔子的思想甚至想排斥孔子思想的人把这句话解释为“让老百姓跟着做，可能；让老百姓理解，不可能”，并因此断定孔

① Robert D. Putnam, *Making Democracy Work*, New Jersey: Princeton University Press, 1992.

子为愚民政治的倡导者。但孔子想要表明的意思并非如此。孔子并不是批判民众，而是给为政者讲述一种道理，即让老百姓信任政治是有可能的，但使他们一一知道政治的内容并不容易。孔子犀利地点出了我们的政治现实，又给领导者以严厉的教训。

第一，民众在表达自己欲望的同时，站在自己的角度去观察世界，所以很难看到本质和全局，很难不顾自己的利益，站在全局的立场行动。正因为如此，为政者应采取一切可能的办法，让民众看清本质，顾全大局，但是这种努力是有局限性的。领导不能抱怨民众的局限性，而是要树立起"虽然不清楚是什么情况，但如果是领导人说的，那保准错不了，我得相信他"的思想，以建立互相信赖的政治基础。在让他们了解政策之前，首先要得到人际上的信赖。

第二，在政治领域多种利害得失盘根错节，特别是有关遥远未来的政策实效很难解释清楚。于是让国民理解所有现实政治和行政内容是不可能的。就算发展到书面形式，广泛宣传，认真阅读且能完全明白的人又有几何？比如，将法院的判决告知天下，很少有人会根据法律一条一条地深究，然后评价判决内容。

因此，与其让国民拥有判断判决内容的能力，倒不如让民众信任司法机关。否则，即使司法机关做出了公正的判决，如果国民对司法机关怀疑猜忌，仍会产生混乱的局面。所以说，要打造一个让国民可以相信、值得相信的司法机关。政治的本质是情感，而不是算计。对情感上抵触的人，算计不具备任何意义。得不到国民的信赖，政治再有力量也难以发挥作用。"无信不立"这句话很深刻地道出了这一现实。现在面临的最大的危险是失去了一个可以引领国民一致行动的机制。它不是随意就可以促成的，只有当受国民敬仰的人做出决定或确定方向时，才会促成。

众多部下追随李舜臣[①]将军，并不是因为他告知了战斗的内容，或者为作战胜利打了保票，而是因为他们单纯地相信李舜臣将军。李将军没有号召大家相信自己，但他们通过将军平日的一举一动，自然而然地相信了他。在漆川梁海战中，朝鲜水军几乎全军覆没，需要用仅剩的 13 艘战舰对抗 133 艘日本敌船时，他们也相信并跟随了李将军：相信的是 19 战全胜的将军，相信的是他宁可违抗国王诏令甚至蹲监狱也不打无把握之仗的判断力，相信的是他那对部下情同手足的感情，相信的是他不顾自己安危冲锋在前、杀身成仁的高尚灵魂。

“人并不会因为对方他要做什么就相信他真地去做，你相信他，是因为你知道他的性格、可能的选择及其后果、他的能力等等，你期待他会那么做”[②]。

政治是使民期待

子曰：“人而无信，不知其可也。大车无輗，小车无軏，其何以行之哉？”（《论语·为政》22）

“信”字是由“人之言”构成。相信一个人，就是相信他所说。德国哲学家海德格尔曾说的“语言是存在之家”就是缘于此。没有一颗真诚和善解人意的心，没有信任，就不会存在真正意义上的人际关系。

---

① 李舜臣（1545 年 4 月 28 日—1598 年 12 月 16 日）：字汝谐，号德水，朝鲜京畿开丰（今开城）人，朝鲜宣祖时卓越的武将，任全罗左道水军节度使。在壬辰年（1592）抵御日寇的战争中，用自己亲自设计制造的龟船，与倭海军作战，取得辉煌的战果。谥号忠武，死后追封领议政，是朝鲜半岛的民族英雄。——译者

② 转引自 Robert D. Putnam，*Making Democracy Work*，New Jersey：Princeton University Press，1992，p. 171。

人类社会只有以信任为基础才会存在,没有信任不会进步。

人都需要一个可以发挥自己才能和优点的舞台,我们演绎自己人生的地方只能是"可信任的舞台"。被信任的程度多大,他的形象就多高。做一些小事,只需几个相信和追随的人就可以了。而一个想要教化和治理社会的人,需要显示出莫大的信任,以使众多的人跟随自己。

领导者缺乏能力并不成为问题,因为身边有能人辅佐他就可以了。但如果领导没有可信任和期待之处,那么一切都将就此结束。作为领导,最重要的便是具有可信任、可期待的魅力。

为了让世人相信并追随自己,政治也需要精彩表演。我们看一个历史事件,一个生动的例子。诸葛孔明在赤壁大战中举行祈风仪式,就是精彩的政治表演。通过祈风仪式,让世人相信自己是有天地造化能力的人。这个例子提醒我们,政治只有得到天下人信任才能行得通。

曹军压境,吴国都督周瑜忐忑不安,因为与庞大的曹军在水上交战,没什么胜算。唯一之计便是老将黄盖提出的火攻。想要攻击扎营北部的曹军,需要借助东南风。但是在只刮西北风的冬天,哪来的东南风呢?周瑜在山上立等良久,只见旗杆被西北强风折断,抑制不住心中的抑郁,口吐鲜血,不省人事。

孔明当然知道周瑜的心病,便屏退左右,密书十六字:"欲破曹公,宜用火攻;万事俱备,只欠东风。"孔明说:"亮虽不才,但曾遇异人,传授《奇门遁甲天书》,可以呼风唤雨。都督若要东南风时,可以在南屏山建一坛,名曰七星坛。……亮于台上作法,借三天三夜东南大风,帮助都督用兵,何如?"[1]周瑜闻言大喜,便传令500精壮军士去南屏山筑

---

① 罗贯中:《三国演义》,人民文学出版社1973年版,第402页。——译者

坛，拨120人执旗守坛，听候命令。

孔明下令："不许擅离方位。不许交头接耳。不许失口乱言。不许失惊打怪。如违令者斩。"①西北风肆虐的冬天真的会有东南风吗？人常常有着期待和等待的乐趣。如果孔明的话成空了，那么他的世界也会崩溃。所有人都焦急地等待着，是日，看看近夜，天色晴明，微风不动。一直到将近三更时分，忽听风声响，旗幡转动，期待已久的东南风吹起来了。

孔明真的会呼风唤雨吗？他只是知道每年的十一月，由于洋流运动和南部地区气温变化，会吹短暂的东南风。他并不是利用天文道术来愚弄世人，而是相信了自己也无法解释清楚的气象科学。诸葛孔明并没有作法唤风。坐在高高的七星坛上，他只是在昭示自己有呼风唤雨的能力，以便在有危急的情况产生时可以稳定军心，让人们相信他肯定已经想好了对策，不必担心。

他并非对天祈求，而是面对苍生和士兵祈求。在名叫"七星坛"的舞台上施展政治，并巧妙地收买了人心。政治家所说的话便代表着他的政治。政治，即是让人们期待之事，而期待通过坚守诺言加以扩大和生成其影响。孔明的"借东风"让我们懂得了这样一番道理。

无信的悲剧

信息时代是以信用作为基础发展的。"信用"源于"相信"(credere)一词。信用制度，这一可以与产业革命相媲美的伟大革命就是在中世纪意大利村民之间的信任中创建起来的。将每个储蓄者和独立

① 罗贯中：《三国演义》，第403页。——译者

的投资者有效地联系起来，以便将个人资本储蓄的力量与经济增长联系起来。这种富有生机的创造以村民之间的相互信赖作为基础。众所周知，以信用作为基础的金融业和远距离贸易是成就今天世界经济的基础。无疑，人们都懂得，只要人人为共同的利益而合作，人们的生活就会发展和改善。

18世纪苏格兰的哲学家大卫·休谟(David Hume)用一个比喻表现出扰乱人类理性的公益精神的困境。① 邻居的玉米今天成熟，我家的玉米明天成熟。如果今天我帮邻居收割，明天邻居帮我收割，则互惠互利。可是，尽管我给邻居卖力干活，但没有邻居到我家也会尽力干活的保障。我一厢情愿期待邻居回报，多么荒唐？于是我今天任邻居独自收割不管，当然明天我也只能独自收割玉米。收获季节过去了，看来我们两家因为缺乏互相信任，都失去很多本该装满仓库的玉米。

今天，人们不为相互的利益进行合作，未必是因为人们无知或缺乏理性。而似乎是因为人们过于算计，于是社会的非理性增加，共同利益也被毁掉。博弈理论家们探讨了因只顾各自的利益而导致毁掉共同利益的困境。②

○ 公共牧场的悲剧(tragedy of the commons)　任何放牧者也无法限制其他人的家畜吃草。如果某放牧者限制自己家畜的数量，吃亏的只是他自己。因此谁也不想限制自己家畜的数量。不过"只差我一个人能怎样"的想法所导致的过分放牧，破坏了关系到放牧者全局利益的牧场。

---

① 转引自 Robert D. Putnam, *Making Democracy Work*, New Jersey: Princeton University Press, 1992, pp. 163-164。

② 同上。

○ 集体行动的逻辑(logic of collective action) 如果大家都参加罢工,就会达到目的。但是,倡导罢工的人会遇到与业主秘密勾结后妄图破坏罢工的另一拨人的背叛。另外,很多人想要搭持强硬路线之人的"便车",有保留地参加罢工并观望别人的态度。

○ 囚徒困境(the prisoner's dilemma) 两个同案犯被逮捕后被隔离监禁,不能互通信息。双方都被警察告知:如果你告发对方有罪,而对方不告发你有罪,则你可以无罪释放。如果你不告发对方有罪,而对方告发你有罪,你会受到重罚。如果双方都不告发对方有罪,并否认犯罪,双方都会受到轻罚或无罪释放。

在这种情况下,因为没有互相合作的传话通道,相比较互利的方法而言,无论对方采取什么态度,嫌疑人都会选择指认对方犯罪的战略。其结果是双方都被重罚。正如上文中休谟所举的例子,如果当事者互相合作,双方都会从中受益。然而,由于缺乏相互间的信任,人们会互相背信弃义或只想搭便车。尤其是在机会主义蔓延的村落里,人们假定对方会背叛自己,认为这种想法才是合理的。结果该村民得到的是什么?那就是由于"也许他会背叛我"的想法,反而受到对方的报复和背叛。

这一教训告诉我们什么?如果社会成员只一味地追求自己的利益,即使这种行为显示为理性的选择,实际上是毁掉所有人的利益。

互信的社会

人们失去相互间的信任,社会便会崩溃。当由信任所编织成的共同体崩溃时,该社会中克服机会主义的机制也随之崩溃。在机会主义中,所有成员在周到缜密的算计下单独行动,寻找脱离集体行动的机会。

相比较自己信赖对方,人们更希望首先得到对方对自己的信任。在这样的社会里,人们无法抵制背信弃义的甜蜜诱惑。可是在这种社会里,个人利益和集体利益都得不到保障。如果行动者无法做出可信的承诺,他们只好放弃众多可以共同获益的机会。那么我们到底该怎么做呢?在休谟所说的农夫困境中,核心问题是对背信弃义没有令人信服的制裁体制。人们如何才能确信,他人在逃避义务的诱惑面前会恪守承诺?如果没有强有力的制裁,信任别人反而成为盲目的行为。

只要认为背信弃义所得到的收获比背信弃义所遭受的危险更为可观,就会出现背信弃义的人。从国际金融市场到地方政府的运营,甚至排队乘坐公交车,所有社会制度的成功与否,都依赖于相互信任以及履行诺言的系统。这样,个人才能在被行动脉络所依存的社会规范和社会系统的体制中得到信任。即使在民主政府之下,市民也会为了自身的幸福和有秩序的生活,将自己的众多选择权交付给国家和地方政府。

由于社会复杂、居住空间和职业流动性强,因而在"持续性社会关系"不确定的现代社会中,市民的自发性合作或相互信任,在很大程度上依存于保证"互惠性规范"的政府职能。政府应采取积极或消极的对策,以使社会规范得到遵守。

举例来说,正像凭献血证可以享受免费输血一样,当你健康的时候扶持过孤寡老人得到了义工证明,到老的时候可持该证明得到别人对你的扶持。政府应该实行这种制度,以引导人们积极参与志愿服务活动。在共同体中,还要使人们背信弃义所遭受的损失远远大于所得到的收益，因此不敢产生背叛的想法。

但是靠政府的强制或第三者的监督来维持信任，要比靠共同体自律性规范维持的信任，效果既差成本也很高。即使不考虑成本，政府能做的事情也是有限的。马基雅维利说："在大众尚未堕落的国家里，处理事情非常容易。"意思是说，在市民自发维护集体利益、市民共同体也为市民存在的社会里，国家和地方政府呕心沥血地该做的事情并不多。我们应视为基础并注意的事项就是培养市民共同体的道德性。

市民共同体的道德该依靠什么并怎样加以发扬呢？个人即使做不成圣人，至少要拥有宽容之心，自发培养成有道德的市民。当然让个人成为可信任的人，一方面要靠自身的行为脉络符合社会规范和网络系统。可是包括信任在内的人的自发合作或参与之类的个人属性，并非由社会规范和网络系统所决定。

另一方面，人类又是意欲树立正当的规范并为此而努力的强有力的存在。并且，当这样的努力成为了共同体的重要命题时，社会才有希望。特别是，由于当今社会日益变得庞大和复杂，人与人之间相互了解不很多，但各成员仍要相信其他成员相信自己，而且要尽到自己的义务和作用。因为"相互信赖是双方共同努力的结果(mutual trust is lent)"。①

我们首先要从相信自己、相信亲近的人开始，扩大信任的范围。只有信任，才会被信任；只有尊重，才会被尊重。你相信社会，也许会被社会所背叛。可是比这个更大的背叛，就是当你应该相信社会而未予相信，会陷入自绝于社会的境地。只有相信社会，才能相信"信则立"。

---

① 转引自 Robert D. Putnam, *Making Democracy Work*, New Jersey: Princeton University Press, 1992。

第 2 章　不怕做不到,就怕想不到

有这样一种美丽的信任,可以驱使世上所有人都信任,那便是相信未来更加美好。许多人以为世上的事情并非如他所愿,持此观点的人,他的人生就会按照他的想象展开着,因为命运、地域、结局等都是想象的产物。

同途殊归

到目前为止,所有成功哲学的核心,可概括为一句话,那就是“人生是想象的产物”。思想产生行动,行动养成习惯,习惯塑造性格,性格决定命运。国家也罢,地域也好,都是如此。结果都源于当地人所持有的想象。

人们凭着想象来设计自己要走的人生路线。只是,为了实现其想象,需要本人的悟性和实践而已。悟不出自身存在的可能性的人,佛教上称之为“无明”。根据寻找光明的努力程度,或成为优秀的人,或成为无用的人。心怀梦想而不懈努力的人最后能够取得成功,但认为现状这就是命运的人只能碌碌无为。

子曰："性相近也，习相远也。"(《论语·阳货》2)

意思是人的基本素质虽然差不多，但由于学习和习惯的不同，人们善恶不同、智愚有别，差距逐渐拉开。后天近善、从善的人会成为善人，而近恶、从恶的人会成为恶人。与好人交流，在潜移默化之中也会成为好人，与好人交流的本身就是注入好因子的表现。

"性"乃人之初先天所赋予的资质，即本能。这种基本天资对于大部分人来说，基本没有差别，即使有也在可以克服的范围内。"习"乃后天经过教育与习惯熏染而成的习性，诸如解读能力、计算能力、礼仪规范等。世界上之所以会有形形色色的人，就是因为后天所接受的教育、所养成的习惯不同。最初时水平相差无几，但由于努力的程度不同，人与人之间的差异会逐渐显现出来。孔子认为习惯乃人之第二天性，重视环境与教育的原因就在于此。人根据所接受的教育、所熏染的习惯不同，确定成为何种类型的人，而不是从一出生就被确定属于哪种类型。这就是孔子所说的"有教无类"(《论语·卫灵公》39)。

"有教"，是指根据老师的教导和环境的影响，人与人之间产生差异的前提。"无类"是指人们的善、恶、贤、愚等既不是先天决定的，也不是身份决定的。但孔子也认为人的性格与天赋不是绝对平等的。

人们所禀持的天资虽然有差异，并表现为实际差异，但却可以用环境和教育的力量消除这些差异。人们通过教育和环境养成了不同的习惯，并因此变得贤明或是愚昧。健康的人与成功的人，他们的共同之处就在于一直坚持着良好的生活习惯。

当然也有例外。圣人一出生便知人生路，并且不用再去学习。被孔子称为"上知"的这种圣人，无论处于何种环境，都不会受到影响，都不会动摇自己的信念。与此相反，愚人即使处于窘境，也不去学习和改善。被孔子称为“下愚”的这种愚昧之人,无论让他在多么好的环境中学习,也会一无是处。所以,孔子说:“唯上知与下愚不移。”(《论语·阳货》3)

思想产生行动

人生的一切从思想开始,取决于思想设定的目标。要从清州旅行到安东①,这种想法的产生便是旅行的开始。就像想要花开先种花一样,要做什么事情先从想开始。人生的旅程便是向着目标行进的过程。为了达到目标,人们要思考应该怎样活下去,应该经历怎样的过程。目标不同,生活方式也不同。不应该与目标不同的人比较人生的路线。

人们为了实现心愿而祈祷,祈祷是思想的呐喊。祈祷可以使祈祷者时常思考自己真正所期望的是什么,可以凝结期望之心。祈祷的结果是,他心灵中的“神”会最先听到他祈祷的声音。心灵之神根据祈祷者意志的大小,使祈祷的内容在行动中显现出来。②

子疾病,子路请祷。子曰:“有诸?”子路对曰:“有之。诔曰:‘祷尔于上下神祇。’”子曰:“丘之祷久矣。”(《论语·述而》35)

“丘之祷久矣”是什么意思?人的善意、至诚以及努力如同是天之助,所以说“我已经祈祷很久了”。人只有心怀至诚地为了目标而努力,其目标才会有实现的可能,即所谓“自助者天助”(God helps those who help themselves)。

---

① “清州”和“安东”是韩国的两个地名。——译者

② Alan Cohen, *Handle with Prayer*, London: Hay House, Inc., 1998.

因制造美国航天飞机机身而出名的京瓷集团的创始人稻盛和夫认为，只有渴求，才能得到，这就是人生的法则。他说："内心不追求的东西不可能靠近自己。只有真正渴求，才能进入能够实现的范围之内。如果内心没有渴望，即使可能实现也实现不了。现实中的人生形态就是内心的愿望和渴望的呈现。"

稻盛和夫有一天偶然聆听到松下集团创始人——松下幸之助的演讲。松下会长讲到"水库式管理"："一旦下大雨，未建拦河坝的河流就会泛滥。反之，如果持续日晒，河流干涸，水量就会不足。所以要拦河建水库蓄水，使水量不被天气和环境左右，始终保持一定的数量。管理也一样，景气时更要为不景气做好准备，管理要留有余地。"

讲演过程中，听众之间传出了不满与揶揄的声音："胡说什么呀！不正因为没有储备，大家才每天挥汗如雨，恶战苦战吗！如果有储备，谁还用得着这样辛苦。我们想知道的是如何去建造这个储水库，而你再三强调储水库的重要性又有什么用呢？"轮到答疑时间，有一位听众站起来不满地说："如果能够进行储水库式管理，当然很好，但现实上那不是一件容易的事情。若不告诉我们怎么样才能进行水库式管理的方法，我认为演讲就毫无意义。"

松下会长解释道："办法我也不知道。但是如果连修建水库的想法都没有，就不会出现水库。"此时，全场哑然失笑。几乎所有的人对松下先生不是答案的答案感到失望。但稻盛和夫与众不同，似乎全身通电一般，受到莫大的刺激和感动。①

"只有为建造水库而努力的人，才能建造成水库。"想要造就什么，就先要"想成为那样"。"要成为那样"的想法，是成功的第一步。若是

---

① 参见［日］稻盛和夫：『生き方』，サンマーク出版2004。

真心渴望，就会有人帮你实现。更重要的是，要必须比他人都强烈和热切地渴望。最红的明星以及天才般的人实际上都有强烈的愿望，为使自己成为那种人而不断努力，不断积累小的成果，这才成就了今天的辉煌。

思考方法的思考

我们期望什么并为之追求的时候，渴望和追求的态度非常重要。自以为没有价值的人，更加极端地以为自己是乞丐的人，祈祷时给人感觉也像是乞讨一样。乞丐边说“施舍点儿吧”“帮帮我吧”，边伸出手，表现出毫无价值的人向慈悲为怀的人乞求的模样。如果祈祷者没有自尊，即使如愿以偿，也会使自己猥琐起来。很多人惯用“还是失败了”这句话，那是因为“惧怕失败”之余，不执着于所从事的事情而说出的。过于惧怕失败，失败的危险也会相应增大。人如果陷于不安之中，即使他有很多长处，也会容易成为自己弱点的牺牲品。

我们周围有人怀有“我算不了什么”的想法，主动放弃自己潜在的可行性；也有人一两次考试失败，或所从事的事情进展不利，就会说“我也就这样了”而自暴自弃。长此以往，情感开始老化，人们便会丧失向新事物挑战的欲望。难以被感动，还迅速导致记忆力的下降和体力的衰退。

做任何事情都要先从相信会有好的结果开始，相信可行才真的可行。古今中外，成功的人都有一个共同的思维方式，那就是“我的成功是必然的”。所以艾伦·科恩这样说：“我们所要逾越的不是原罪，而是以为神的爱离我很远的自我感觉渺小的存在意识。我们是被神爱着的子孙，神愿意听从我们所向往的所有事情，并以此为乐。”①

确信只要认真努力，一定会取得好的成果，这种想法能够成为最大限度地利用自身能力的基础。认为“自己是运气很好的人”，这本身就是营造好运气的重要资产。如此看来，想要改变人生，就先要改变想法。不去改变自己的内心世界，单方面改变外部世界是不可能的。内心世界不变，只想改变外部世界是不可能的，因为外部世界只会改变其存在的形式，不会改变其内容。如果改变你主观的思想和态度，情况就不同了。

人的命运并不单单取决于发生在当事人身上的事情的结果，也取决于当事人怎样对待发生在自己身上的事情。想法牵动情势，想法变了，情势也会跟着改变。人的运气并非从外部偶然找到的，运气的好与坏大部分取决于当事人的努力与性格。身边那些有能力却不幸的人，大多都沉浸在自我陶醉之中。这种人经常说别人的坏话，所以容易受到他人的排斥。为了让自己有好运气，首先要承认别人的优点并尊重他人的存在。没有这种谦虚的态度，运气不会寻你而来。在这个世界上最大的幸福就是受到他人和社会给予的爱。接受到周围爱意的程度取决于他的器量。

人用两条腿走路，人生的道路也要用两条腿行走。一条腿代表他的实力，另一条腿代表他的人品。人不能只凭实力活在世上，因为社会是一个极度情感化的存在。人也不能只凭人品生存，人的器量只有在两条腿的合力作用下才得以发挥，器量的大小便是人格的高下。②

人活着会面临许多问题，所以要时常思考“怎样才能解决问题”。

---

① Alan Cohen, *Handle with Prayer*, London: Hay House, Inc., 1998.

② 参见［日］谷澤永一：『人間學』，五月書房 2000。

所谓思考问题，就是创造性地接受优秀的思想。但大部分人不去充分考虑问题，而是想当然地处理问题，把假设轻率地当成结论的情况也很多。这是因为大部分人不会去思考“该怎样去想”这一思考的方法。更大的问题是由于使用了错误的思维方式，结果产生了更大的错误。所谓思维方式，就是以决定为导向，构建自己构想的世界，并加以表现的方法。所以要合理行动，必须转变思考模式。

习惯塑造性格

我们周围有这样的两种人：一种是初入职的时候非常聪明，但随着年龄的增长，逐渐变得愚钝起来；另一种是初入职的时候看似很普通，但随着时间的推移，逐渐变得聪明起来。他们之间的差别来自哪里呢？就是来自不同的习惯。所谓习惯就是指无意识地重复行为。重要的是，习惯不仅仅是头脑中的思想，还包括实际行动。更重要的是，习惯不是有意识的行为，而是无意识的、重复进行的行为。

人与人之间的差异一开始并不体现在具体的情节上，而只是一点点征兆而已。但征兆不断反复，成为一种潮流，最终形成一个具体的现象。就像日子一天一天地过去，每天看起来都差不多，但春、夏、秋、冬的每个季节却交替了，因为随着时间的变化其差异愈明显。好的想法付诸行动，并定格成为习惯，人为差异就像季节交替变明显了。行动的习惯化就是这样伟大。

人们若一点点改变自己的行为，并将其习惯化，不久就会孕育出新的可能性。谁都可以主宰自己的命运。不管是谁，每天都重复做着一个又一个小动作，习惯就是这种动作积累而成的，但这些小动作的积累会塑造人的大命运。

不管是谁，一开始都是在茫然之中行动的。很少有人一开始就认准一件事情，并着手去干。在大部分的情况下，干着干着就喜欢上了。什么事情也没做就认为“有意思”是不可能的，都是在做过之后才认为其“有意思”的。人们之所以体会不到事情的价值，其决定性因素是因为在做事之前总是要考虑这件事是否有意思。做过了以后觉得有意思，而有意思的事业要做，这样一来，就没有有意思的事情可做了。

“意义”产生于理解，如果还没有理解就去找意义，当然很难找到什么新鲜的意义。打高尔夫球的意义，只有那些打过高尔夫球、理解高尔夫球的人才知道。每天早晨跑步的理由，只有跑过的人才最清楚。即使如此，很多人在晨跑之前就想要了解晨跑时的感受，在打高尔夫球之前就想知道打高尔夫是否有意思，那样的人到最后都不会对晨跑、高尔夫球感兴趣。

对某事自信也是如此。没做任何事情，凭空产生自信，绝无可能。自信产生于做过什么事情之后，不是因为有自信而做什么，而是因为做过什么而产生自信。所以想获得自信，就要多行动。把想法付诸行动，路就已经在开辟了。尽管如此，信心不足的人在行动上也会犹豫不决。

成功是“伟大的单纯”的产物

如同人刚出生时并不显现出很大的差异一样，大部分地区间的差异最初也并不大。但生活在那片地区的人，他们的思考与生活方式的差异逐渐积累起来，就会成为一种习惯。这种习惯会成为那片地区固有的特性。所以，“有教无类”对地区治理也适用。起初并没有什么好地区与差地区之分，多想好事，加以实践的人多了，就会成为好地区。“好地域”是指生活在此区域中的很多人都持有“如果能在这里长久地生活就好了”的想法的地区。

人不管有何志向，从事何种工作，单枪匹马成不了大气候。大的事业要通过与他人密切联系才能成就。与他人的关系必须要以某种瓜葛为前提，在某地遇上某人。人与人之间的相会，即使只见一面，也可能对人生产生莫大的影响。这种相会只能用“缘分”来解释，用其他词语或句子来解释是不通的。人生都是从缘分开始的，所以珍惜缘分才可谓珍惜人生。缘分进一步发展，会孕育出新的缘分。人生不断发展和丰盛起来，就要经历这样的过程。

地区的开发也是如此，就是从改善人与人之间的关系开始，将地区问题与大家一起摸索并解决。所以，地区的开发是以好的相逢为基础，与人为善地工作。例如，建造某种设施，可让很多利用者同时参与进去。如建造一个体育馆，不仅使人强身健体，还提供了一个人与人之间建立良好关系的交际平台。同理，建造体育设施的目的不仅是为了使使用者强健体魄，同时让人与人之间结下良好的关系，也是一个重要目标。

美好的相遇会触动彼此的心灵，接着会发展为默契行动。彼此意趣相投，开始一起做好事儿，这种行为定格成一种习惯，那么一座好的城市便形成了。美丽的城市并非靠一两次有意识的行为建成，期望会有好结果出现，需要重复这种行为。美丽的城市要靠习惯般无意识的重复，使之成为连续不断的日常生活，才能建设起来。

假设某座城市将目标设定在美化城市，作为落实此项政策的一环，花费政府的预算，让民营企业种花，我们不能把这称之为真正意义上的景观开发。让企业种花养花，不如让市民种花浇水，以取得市民的感情，让市民的心灵一同美起来。真正美丽的城市应使市民自觉地种花，让花团锦簇的房子一幢挨一幢、覆盖全城才对。市民给自家院子浇水，给街旁花坛浇水，这些行为成为一种习惯，这才是一座名副其实的美丽城市。

成为一个优秀的人，所要经历的过程也与建造一座美丽的城市一样，那是由“伟大的单纯”——习惯来塑成的。种下500年后可用作木材的树木，剩下的全部活儿便是浇500年的水。习惯性地浇水，单纯的重复，会成就伟大的未来。无论地域开发，还是优秀的业绩，都要靠习惯——“伟大的单纯”来塑成。

习惯积累成性格，性格又成为固有的文化。地域的特性便是固有的性格，我们称之为“文化”。我们买东西的时候，根据该东西的用途即特性购买。同样，我们去某座城市旅行，要看该座城市的特性。就像结婚时重视对方的性格一样，性格是选择的基准、竞争力的核心。就像一个人所具有的魅力一样，一个地区的魅力来自它的性格。

性格形成魅力，性格决定命运。有的人虽然是个恶棍，但有很多追随者，说明他有固有的魅力。相反，好人再好，如果他没有魅力，就不会有追随者。交朋友的时候首先要讲究气质和性格是否相合，立场和主张是否一致则是第二位的。人就是这样的。

莱辛（G. E. Lessing）在他的著作《爱米丽雅·迦洛蒂》（*Emillia Galotti*）中写道：“偶然之说就是亵渎神明，天下并没有偶然。”命运并非偶然，而是必然。因为人的命运源于他的性格。“命运源于性格”不是胡说，人的成功与失败不是由才能而是由性格所决定的。城市的繁荣与衰败也是由该城市的特性——文化所决定的。不论人还是城市，命运都源于其性格和特征。

一个人的梦想只是梦想，万人的梦想则会成为现实。领导者就是让自己的梦想变成所有人共同的梦想，并为实现这个梦想与大家共同行动的人，他让行动成为习惯，让习惯成为一种固有的文化。领导就是耕耘梦想的人。有“梦”的人才会有“希望”，有“希望”的人才会有“目标”，有“目标”的人才会有“计划”，有“计划”的人才会有“行动”，有“行动”的人才会有“发展”，有“发展”的人才会有“反省”，有“反省”的人才会有新的梦想。

马基雅维利说：“人的命运会发生转变，即使是国家，也很难在变化无常的命运中获得自由。”很多人以为，无论怎样挣扎都挣脱不了自己的命运。即使命运支配人，命运中的具体内容还是自己抉择的。当人不再主动迎战命运时，命运才会放肆地要威风。当人的力量不足时，命运才展现其坏脾气。①

① ［日］塩野七生：『マキアヴェッリ語録』，新潮社 2003。

第 3 章　大志大成

有一个成语叫“水到渠成”。如果水是追随者，那么水渠就是领导者。大水成大渠，小水成小渠。领导就是开水闸、让水流畅通无阻的人。领导应该时常反省自己属于哪种水渠。想当领导的人很多，成为领导之后思考处世之道和自我修养的人却很少。

开辟路的路

子路问政。子曰：“先之劳之。”请益。曰：“无倦。”(《论语·子路》1)

不管怎样，领导应该在群众面前以自己的实际行动展现出自己的模范作用，然后才能鞭策部下努力工作，在这两个问题上领导绝不能懈怠。领导的基本道德就是模范作用，这是领导力的根本。领导力是指“用行动说话”，其中所含的无限意味，现在的领导都应该铭记在心。

“先之”中的“先”是指为政的基本原则就是要做到率先垂范。宋代政治家范仲淹所说的“先天下之忧而忧，后天下之乐而乐”中“先”就是来自《论语》中“先之”的“先”。用政治哲学解释，“先”就是老子的话“外其身而身存”(不顾自己，才能更好地保全自己)。

领导者应该在又苦又累的工作面前挺身而出，但功劳要让给部下，即“外其身”。只有这样，成果才会最后回到领导者身上，这才是领导率先垂范“先之”的回报。领导者率先垂范，部下才不会抱怨；领导者挑好了需要部下发挥功效的事情让他做，部下不会抱怨，即所谓“劳而不怨”。所以懂得“为政”的先人会合理利用“劳之”的原则，使官民不致陷入骄奢淫逸之中。人处于困苦环境的时候对于人生的领悟会更加深刻，同时也会发挥善良的禀性。但是，过优的待遇或过于安逸容易让人堕落。

孔子解释完“先之劳之”的哲理之后，子路要求进一步阐明，孔子又说“无倦”二字。率先垂范不应懒惰，但比起率先垂范，持之以恒也许更加困难。刚开始时满腔热血，充满热情，但过了一段时间便对其厌烦，于是乎松懈下来，这是凡人的常态。保持恒心并非易事，所以不冷却的热情是领导能力的重要因素。

但是，孔子为什么特别对子路做出“领导者应具备模范作用，懂得领导的处事原则不怠慢”的答复呢？那是因为子路很有侠气，而且性急。这种人容易先来一番满腔热血，最终半途而废。

领导的“业”并不是想做就做，烦了就可以随时丢了不管。有些领导开始放出豪言壮语说“献出生命也在所不惜”，但遇到更好的职位，就毫无留恋地跳槽了之，把事业当成自己扬名立身的台阶。领导应该如孔子所说的：“居之无倦，行之以忠。”（《论语·颜渊》14）

我们周围有这样的一群人，在开始阶段被寄予厚望，但随着时间的推移，慢慢就显得普通平常了。开始胸有大志，但抵不住世俗的消磨，与开始时的踌躇满志背道而驰，逐渐变成平庸的人。

很多领导总是焦躁不安，真正重要的事懒得去做，反而热衷于那些琐碎的小事。使领导焦躁的原因在于追随者的不耐烦，但比这更重要的原因是领导总是为了自己的去留而工作。领导应该通过完成目前的职务和使命来开辟自己的前程，下一阶段就是接受现在的结果所衍生出的新开始。

现实“丛林”中播种理想的人

领导的“业”就是不断为市民和人类服务。领导所要摆正的不仅仅是自身，使自己一身干净不是难事，真正困难的是使全社会干净。

子击磬于卫，有荷蒉而过孔氏之门者，曰：“有心哉，击磬乎！”既而曰：“鄙哉，硁硁乎！莫己知也，斯已而已矣。深则厉，浅则揭。”子曰：“果哉，末之难矣。”(《论语·宪问》39)

56岁时的孔子对鲁定公与权臣季氏极其失望，于是他决定背井离乡，开始了周游列国的旅程。孔子最初来到卫国。卫灵公虽然放荡，但他想正式任命孔子，却没有想好要给孔子什么官职。孔子等待灵公作出决定，心情却错综复杂，倒不是怕得不到礼遇，而是担心能否有实现自己理想和政策的机会。带着这种复杂的心情，孔子一大早就击起磬来。有一位背着畚箕经过的农夫听到磬的声音便讥笑说：

“这个人太固执了，声音硁硁的，可鄙啊。没有人了解自己，洁身自好地隐退就是了。如果时代可以挽救，那你就应该让别人任用自己，尽力去做好自己的职业；如果时代到了回天乏术的地步，那么最好隐退去韬光养晦，省得惹人厌烦。”背畚箕的农夫是一位隐者，弟子冉有向孔子传达了隐者的话，孔子答道：“真坚决啊，但洁身自好有什么难的？真正难的是天下的干净。”

杰作只为自己所拥有,不闻市井之感动、不懂市井之人生的人不能称之为文化人。即使拥有高雅的学识,如果一味清高,对一般大众的生活漠不关心,就不能称之为文化人。远离世俗,独自行路的人,不能成为领导。为了实现自己所追求的理想,领导者就要像鱼儿游于水中一样脚踏实地深入民间。领导者的职责是让大家一起走该走的路。认为社会混浊就远离社会,孤单一人生活的人不能成为领导者。越是在混浊的社会,越与大家一起生活,努力改变现状的人才是优秀的领导者。

打破资源的界限与制度的壁垒,领导未来的旅程上没有里程表。现在走的每一步到底有什么意义,其效果虽不能立竿见影,但不能焦躁或彷徨,即使面对艰难的现实也不能屈服。人既然有欲望,就会有屈服的可能性。人本身就是不断期望和追求的灵魂,所以谁都有屈服的危险。为了不去屈服,人要有意识地诊察自己。

在防止为达到目的而屈服的同时,也要提防傲慢的虚张声势。肆意傲慢是追求隐藏之欲望的自欺行为,傲慢又是隐藏卑鄙的另一种卑鄙。将不正确的固定观念误以为信念的人最容易肆意傲慢,因此要避免傲慢,就必须脱离固定观念。

优秀的领导者都先从自己身上查找所有问题的原因,并自我反省。如果部下不追随自己,先反省自己的不足。如果火势旺盛,潮湿的草也会被点燃,在埋怨草潮湿之前应先反省火势是否旺。反省并克服自己缺陷的领导形象,可成为部下最好的教育。所以,什么样的将军带出什么样的兵,部下是领导的“镜子”。

大人与小人

公都子问曰："钧是人也，或为大人，或为小人，何也？"孟子曰："从其大体为大人，从其小体为小人。"（《孟子·告子上》15）①

"大体"指支配五脏六腑的心，心可承载宇宙天地，是偌大的存在。依从心就是站在大局的立场上。"小体"指肉体，是受时间、空间支配的肉体，是有限的存在。依从肉体的食欲与性欲，与受本能支配的动物就没什么区别。所以，受小体支配的人成不了大志。想要成为领导，就要用"心"来引领全身，不能局限于腿或手臂等一小部分的利害。

为大利益而努力的人是大人，陷入小的利害而斤斤计较的人就是小人。只追求个人利益而背离整体利益的人就是跟随小体的小人。领导应依从可承载宇宙天地的"心"，为了大利益，应依从整体的心。并非依从腿或臂等一部分，而是依从统领全身的心。站在大立场上的人，才可以称之为大人。

（孟子）曰："钧是人也，或从其大体，或从其小体，何也？"曰："耳目之官不思，而蔽于物。物交物，则引之而已矣。心之官则思，思则得之，不思则不得也。此天之所与我者。先立乎其大者，则其小者弗能夺也。此为大人而已矣。"（《孟子·告子上》15）

领导站在大立场上，最高动力就是使命感。领导的"事业"需要用使命感来作动力。使命感可以使其看重自己的本职，即天命所赋予的信念，从而产生工作的力量。真正的领导为了使自己与信念融为一

① 杨伯峻译注：《孟子译注》，中华书局 2010 年版，第 249 页。本书中出现的《孟子》原文全部引自该书，在此对杨先生致谢。——译者

体，在日常生活中应不断审视自己。将自己的信念融进自身之中，以致自身的信念不再被意识成信念。生活本身就体现着信念的日常化。

具有强烈的使命感，能依从大体的领导者都有一个共同点，那就是主人翁意识。具有主人翁意识的人才能真正地去奉献、牺牲。但如果具有主人翁意识的领导者如果不警戒自己，随时都可掉进陷阱，也就是说，如果只凭主人翁意识埋头工作的话，会在不知不觉中变得公私不分。容易滋生诸如"我如此努力工作"、"我为组织贡献了一切"、"即便这样违规也没什么"、"这点小事我说了算，不碍事……"等想法。如果这样，就已经一点一点地在依从小体的冲动了。如果这种冲动反复出现，大体便开始一点一点地垮掉。

勿疑"恺撒夫人"

为了成为具有强烈使命感的领导者，首先应该无私。通向无私的最高道路便是公心。即便这样，如果开始变得公私不分，部下会立即感知其倒塌。上司要用三年才能了解部下，而部下了解上司却只需三天，这可用简单的数学计算加以证明。假设一家公司有一千名职员，老板要用双眼盯视一千人，而职员用两千只眼睛凝视老板一个人，最多只需三天，老板的真实面目就会赤裸裸地暴露在光天化日之下。所以领导者要"出门如见大宾，使民如承大祭"(《论语·颜渊》2)。

领导是在黑暗中给予光芒、引导众人的人。原本在没有光亮的黑暗中，即便产生了污点也不会被人发现，但是在深夜中为我们照亮前路的月亮产生黑点，则会立刻显现出来。所以领导的行为就像日食或月食，如犯有错误，容易被众人发现。可是就像日食结束以后的月亮重新照亮夜路一样，领导只要承认错误，改正错误，人们会重新敬仰他。

子贡曰："君子之过也，如日月之食焉。过也，人皆见之；更也，人皆仰之。"（《论语·子张》21）

所以布鲁图斯呐喊道："恺撒的妻子不可以被怀疑。"

越是起引领作用的领导，越不能被人怀疑，哪怕是小小的怀疑。不能受到部下以及追随者的信任，就不能干大事。所以凯撒大帝自不必说，就连凯撒的妻子对任何小事也不能掉以轻心，要保持洁白无瑕。

子曰："其身正，不令而行；其身不正，虽令不从。"（《论语·子路》6）

《列子》一书中有一段很有名的对话，它明确地讲述了修己治人的根本。

楚庄王问詹何曰："治国奈何？"詹何对曰："臣明于治身而不明于治国也。"楚庄王曰："寡人得奉宗庙社稷，愿学以守之。"詹何对曰："臣未尝闻身治而国乱者也；又未尝闻身乱而国治者也。故本在身，不敢对以末。"（《列子·说符》）①

① 参考严北溟、严捷：《列子译注》，上海古籍出版社2012年版，第168页。——译者

第4章　培养接班人

在位的人应做的最后贡献是在适当的时候让位。在位的人平时该做的重要工作之一便是培养接班人，把事情交给将来的接班人做。培养接班人要做到自己不在场，业务也能正常运转。所谓培养接班人，是使自己不在位，却能让事业永存的举措。

领导要培养接班人

组织中的每个人日常应准备的任务之一，就是即使自己不在，自己负责过的业务还能正常运转。无所事事，不能正常处理业务而霸位不让的行为叫“窃位”，顾名思义，窃位就是一种偷窃职位的犯罪行为。就好像占着茅坑不拉屎一样，既熏臭了自己，又剥夺了他人如厕的机会，损人不利己。身处组织之中，如果不想犯窃位之罪，就要严格遵守出处进退的原则。不，应当誓死遵守出处进退的原则。在位时要尽心尽力，退位时要毫不犹豫。可是，现实退位比占位更难做到。

朱熹编纂的《宋名臣言行录》中有这样的记载。北宋改革家王安石在施行“王安石新法”的时候，奇怪地任用了夸耀自己本事的小人担任要职。司马光对此很担心就问其理由，王安石答道："开始时任用夸耀自己本事的人，使其大刀阔斧地推行改革，过一段时间等框架建成，忙得无暇招架的时候，代之以老练而有资历的人，让后者守成。"

意思是让智者实行改革，让仁者守护改革的成果。但是，司马光听了王安石的话后惊叫："呀！王安石正在犯大错误啊！"于是忠告王安石："君子即使授予他高位，也会谦让不接受，但该退位的时候，会毫不犹豫地隐退。小人则不然，再有才气，只要一抓到职位和权力，就会执着起来，死抓不放。如果强使他们下台，就会酿成大恨，誓死反抗。所以现在这样的人事处理，日后会追悔莫及。"

王安石无视司马光的忠告而一意孤行，其结局非常凄惨。王安石受到被下台的小人们中伤而丢掉官职，他所倡导的新法也不了了之了。①

(孟子)曰："吾闻之也：有官守者，不得其职则去。"(《孟子·公孙丑下》5)

自己主动隐退是件难事，把部下从职位拿下也难。主动隐退时受到关注的并不是办事不利的隐退，引咎辞职的情况倒还比较好处理，难就难在功成身退。我们应该做好使自己功成后隐退。为了做到功成身退，平常就该做好隐退的准备，就是培养接班人。接班人分两种：市长或郡守②培养接替自己实施管理的人，这一类叫培养政治接班人；课长或系长培养继承自己业务的接班人，这一类叫培养行政接班人。

---

① [日]山本七平：『帝王學』，文藝春秋 1997。

② 郡守：韩国的行政级别分中央、道(特别市、广域市)、郡(市)、面(区)四级，郡的最高行政领导称郡守。——译者

不论是政治接班人，还是行政接班人，都以前任长官为自己的榜样，模仿他的言谈举止。人类是在模仿中塑造自我的。不管是活着的人，还是历史人物，如果有自己值得学习、尊敬或为之陶醉的人物，算是人生的幸运。即使成长过后否定该导师，这样自我否定的训练也是一个人基本的课程。

德国文豪歌德说："想成为出众的艺术家，并没有什么预备学校可读，只有习得实力一条路。因此，对学徒来说，没有比直接帮助老师作业更有益的学习。在递给老师色彩和毛笔的徒弟中成长为伟大画家的人很多，就是这个道理。"培养优秀的人才，并没有什么特别的预科学校。边陪着优秀领导，边在工作中学习，才是最佳的道路。优秀的前辈下面必有优秀的晚辈出现，出色的上司下面必有出色的职员长成。

身为职工的个人，为了成为组织中称职的一员，应该学习必要的职业规范，并使其铭刻到自己的骨子里，这叫职业社会化。通过促进职业社会化，个人对组织作出贡献的同时会使自己成长起来。

为何不培养接班人

谁都会说，组织的生存和发展需要培养接班人。尽管这样，为什么很多人都不去培养自己的接班人呢？因为培养接班人是让他顶替我的工作。不管是培养政治接班人，还是培养行政接班人，都是说起来容易做起来难。

不只是公共机关，就是在用贷借表和损益表来客观评价的企业里，培养政治接班人也不简单。很多企业的社长将接班人的选择作为一种保障自己权力的方式和手段。有能力和实力取代自己的人，尽可能不任命为自己的副手。选择的是在自己成为会长或顾问以后，仍能从物质和精神上礼遇自己的人。

在政治接班人的选择上，忽视客观标准的现象在公共部门里更为突出。不把人才当作宝贝，而是视为一种威胁，敬而远之。因为地方政府很少实实在在地培养副职为政治接班人。不愿意认真培养接班人自不必说，甚至当看出一个人有领导潜能，就在羽翼未丰时提前把他打入冷宫。上司不信任部下，部下背叛上司的先例比比皆是。

行政接班人的培养情况也是如此。管理学家者帕金森(Parkinson)说，生意人既想使用部下，又不想培养将来可能成为自己竞争对手的人。即使自己累些，也不想分一半业务给部下。可能的话，不是部署一个部下，而是安排两个部下来协助自己，让他们各管一半，由自己统管他们并努力发挥自己的影响力。

“帕金森定律”在行政部门比在民间企业表现得更为普遍。政府组织的业务交替频繁，前任者不把自己掌握的信息转交给继任者，以此作为自己的生存战略。如果一个组织存在这种生存法则，就表明其正在走向衰败。政府不能很好地培养出行政接班人的原因就在于这种生存战略，政府组织重蹈过去覆辙的原因也在于此。

不愿培养接班人的人有以下几个共同点。

第一，漠视自己所属组织或社会利益，只重视个人利益。他们认为不是自己为组织存在，而是组织为自己存在。不关心组织的发展与未来，只注重个人眼前的利益的人绝不会培养接班人。要想烧制瓷器，必须对瓷窑进行预热，而那些毁窑取瓷的人是不可能培养接班人的。

第二,缺乏自信和团队意识。以为让后继者崭露头角,就是在暴露自己的缺点,这样的小人绝对不会培养接班人。第二次世界大战前,美国队与日本队在日本举行棒球比赛。神强打贝比·鲁斯(Babe Ruth)频频失手于日本神投手泽村荣治。怎么会这样?这可如何是好?贝比·鲁斯在等候打顺时,细心观察泽村的投球。哦,原来如此。泽村在投直球时习惯地闭上左眼。贝比会心一笑,走向打线。哦,不,这又是什么情况?由于强烈阳光的照射,看不到泽村的眼睛。结果贝比三振出局。世界之最贝比果然非比一般,将自己的发现很快告诉给下一个打手路·盖瑞(Lou Gehrig)。盖瑞压低长长的帽檐,果然,同样看到闭着左眼的泽村,用力一挥,本垒打!不是路·盖瑞,而是贝比·鲁斯的本垒打,帮助美国队赢得了胜利。

信息共享就是力量的共享。培养继承人等于扩张自己。

培养接班人之心

接班人需要默默地培养。培养接班人为的是自己不在时,业务可以照常运转。培养接班人虽然为的是“无我”,但结果却是在延伸和扩大自己的事业,是让自己存在更久的工作。此时,仍有人以为只有自己才能完成,后继者年龄太小,所以不愿将工作交付给后继者。这样的人好像天真地不知道自己有天会死掉。

要想培养接班人,要有抛弃用自己的名义干事的执著。我们需要区分对组织未来的执着和对自己欲望的执着。站在远处观察自己和组织的未来,才能容易得知自己在组织中所占的分量,同时也能认识到仅靠自己的力量无法承担组织的未来。当然,不能因此就以劳累为借口半途而废。掘地再深，如果未见水源而放弃挖掘，与压根儿没有掘地有什么不同？

孟子曰："有为者辟若掘井，掘井九轫而不及泉，犹为弃井也。"（《孟子·尽心上》29）

掘井是为了获得水源。在谋定一件事情后，为了达到目标，需要不懈努力。不管是谁，自己播下的种子都想由自己亲手收割。并非自始至终自己一个人挖出的井才算自己挖掘的井。本想独自掘井，但拼死拼活掘到六七丈后，由于不见水源而抛弃是不行的。

人生的道路好比一条长河。疏通好自己该做的这一段，其余的部分让别人去做就可以了。人生之路就是工作之路，工作无始无终。播种的播种，锄草的锄草，收割的收割，每个人只做好自己的职责就可以了。

兵法大家孙子去职还乡、安度晚年的时候，君主派人劝他重新做官。孙子回答道："人世真是微妙。即使一段时间里非常有能力，发挥过巨大作用，但当环境变了，进入到新的时代，他也就会变得无用了。好像随季更换衣服一样，春衣轻暖，夏衣清爽，秋衣御寒，冬衣厚重。再好看的麻布衬衫，到冬天就成无用之物。不符合季节的衣裳显得寒碜。四季交替，循环往复，但人生不可二春。现在，我遗忘了社会，社会也遗忘了我。人，生命延续就会活下去，但我希望未来能减少与外界的联系，只保持生活所必要的外界联系。"①

与伟大的将军及兵家孙子相反，我们的周围有许多人在完成使命后，仍不顾时代与环境的变迁，迷恋官位。当然，位高权就会重。但权力就像盐水，越喝越渴。职位越高，获得的越多就越不安和焦躁。为

---

① ［日］伊藤肇：『現代の帝王學』，PHP 研究所 1993。

什么感到不安?因为认为从高位下来,一切都会结束,于是就会为老不尊。应从权座下来,从现任隐退,过有自己的人生。

曹操与刘备的接班人选择

接班人是理智选择还是情感选择的,决定着组织的存亡。在生死攸关之际,曹操与刘备各自选择接班人,表现出"智"与"情"的对立。与长子曹丕相比,曹操平常更器重老三曹植。老大虽然诚实,但为人冷酷无情,而老三温暖有人情味,因此更吸引曹操。尽管如此,最终还是选择了长子曹丕。曹操认为重感情的曹植很难继承和胜任自己的霸业。

曹操又是诗人,气质激情浪漫。继承曹操浪漫气质的儿子就是三子曹植。老二有勇无谋,不做考虑。长子和老三各遗传了父亲曹操一半的性格。曹操为此大伤脑筋,到底选择冷静理性的现实主义者,还是感情丰富的浪漫主义者?"我离世之后,要立即取代汉王朝。在这种情况下,长子曹丕,笃厚恭谨,可继我业。但热情的曹植更适合统治百姓。"曹操深思熟虑的结果是,命曹丕为接班人。

刘备与曹操相反。在白帝城,刘备于病危之时召见孔明并留下了遗言:"君才十倍曹丕,必能安邦定国,终定大事。若嗣子可辅,则辅之;如其不才,君可自取。"①

知子莫若父母。刘备甚是了解儿子的情况。即使如此,他还是做出了情感的选择。刘备知道,即使他那样说,孔明定会全心全意地扶持刘备的儿子。也许越觉得儿子无能,越会怜悯儿子,刘备也不过是

---

① [日]谷澤永一、渡部昇一:『人生は論語に窮まる』,PHP 研究所 2000。

无奈的父亲。也许是因为父亲过于伟大了，刘禅可能有与父亲相比之下的劣等感，毫无自信心。更大的问题在于，刘禅常常伪装自己，捏造不合情理的事情、固执荒诞的理论。

孔明思来想去："想到万千子民，帝位应当由我来继承，拥昏君为帝本身就是一种罪恶。不过主公临终托孤，士为知己者死，静观其变。"下定决心，孔明在第一次出师伐魏之前上《出师表》，陈述了自己对先帝的"感激"之情和"兴复汉室"的决心。刘禅只有 20 岁，昏庸无能，不懂得治理政事。孔明在迎战魏司马仲达之前向刘禅呈上秘奏：

"我在成都有 800 株桑树、15 顷田地，这些足够家人衣食无忧。我作为远征军的负责人，除完成任务之外别无所想。我希望竭尽自己低下的才能，消灭奸邪势力，复兴汉朝王室，迁归旧日国都。这是我用来报答先帝，并尽忠心于陛下的职责本分。我所需的日常物品由国家提供，不需要自己操心。即使我就这么死了，不会因莫名其妙的偌大财产受人怀疑，以辜负陛下的信任。希望陛下责成我去讨伐奸贼并取得成功，如果未取得成功，那就惩治我失职的罪过，用来上告先帝的英灵。"①

出师伐魏之前，为什么要写给刘禅这样的奏章呢？那是因为刘禅已经受到别人蒙蔽，认为孔明有获取不义之财的嫌疑。否则将赴疆场的将军怎么会有此奏章呢？以下五类人不适合当领导。一是虚头把脑；二是一毛不拔；三是鼠目寸光；四是疑神疑鬼；五是胆小如鼠。很不幸，刘禅样样俱全。结果孔明一死，蜀国的帷幕也随之落下。

① ［日］伊藤肇：『人間的魅力の研究』，日經ビジネス人文庫 2000。

第5章　君子有其师

磨炼领导力，就是通过修身养性锻炼自己。人不容易自己管好自己，有权有势有财的人更是如此，管好自己比管好他人更难。所以越是这种人，越需要导师的指引、部下的箴言和朋友的忠告。

需要国民钻研帝王之学的时代

领导力理论是通过修己治人以使群众跟随自己的学问，所以说领导力理论是一种"民主主义帝王学"。民主主义是所有国民都钻研帝王之学，以求发展的制度体系。在专制主义体制下掌握权力的人只占少数，因此，只要少数人钻研帝王之学，社会也可以运转。

在民主制度下权力分散，权力分散产生众多小帝王。特别在复杂的现代社会，很多的小帝王掌握着生杀予夺的权力，公私不分。比如拥有人事权、批准权等的人，即使其权力比过去的帝王小，但行使权力的强度可能比以前更强。因为人事权和批准权既可让一个家庭飞黄腾达，也可让一个家庭穷困潦倒。

在民主社会里握有最大权力的人是大众，但有权的大众并不承担应负的责任，容易丢掉自制心。这种现象最突出地表现为群众心理。作为有权者的大众一旦丢掉自制心，也可能成为人类历史上最肆无忌惮的暴君。所以民主是当每一个国民都成为自觉、负责、自制的君主的时候，才能得以维持和发展的体系。

过去的君主身边需要有敢于批判的谏议大夫扶持，民主体制下也需要有类似谏议大夫的进言者。国民的谏议大夫就是导师或周围的前辈。如果没有尊敬的导师或前辈可担任谏议大夫，好的部下或晚辈也可以。实在找不到合适的人，至少要有自我约束的警句或整理心灵的书籍担此重任。

和一般国民不同，只要是行使小权力的官吏，起码要有三种谏议大夫陪伴其左右：传授道理和原则的老师、直言不讳的部下、不拘形式给予忠告的挚友。有这样一种说法，"再贤明的人，只要有权力，不出三年便成傻瓜"。大权在握，阿谀奉承的人便蜂拥而至。依附于权力的人惧怕权力，惧怕权力的人阿谀权力。

阿谀奉承之流，即使天下人都看得很清楚，当局者却看不出来。当权者应有自我检视的眼镜，当我们的眼睛不能视物时，老师、部下和挚友就是我们的眼镜。

"权孤"与"权毒"

组织中的成员要通过他所指挥的部下的业绩服务于他的领导。领导（高层领导）的第一客户是他的部下（中层干部），领导通过第一客户服务于他所指使的第二客户（基层干部）。第一客户和第二客户之间经常存在理解相悖的时候。部下希望得到上司的理解和关怀，上司期待部下的业绩。引导部下负起责任的领导者要在别人感受不到的孤独感中度日。正如叔本华所说："孤独是赋予所有领导的命运。"

中国的革命伟人毛泽东身上发生过这样的一件事情。1964年，《红星照耀中国》的作者埃德加·斯诺(Edgar Snow)第二次访问中国。在国庆典礼上，斯诺站在天安门城楼毛泽东身边检阅人民的游行队伍。不料看到中国最高领导人毛泽东面露暗色，斯诺担心地问：有心事？默默看着高举红旗，口号声震天的人民游行队伍，毛泽东回答：这个队伍可以大致分成三类：一，忠诚的毛泽东主义者；二，随大流者；三，表面伪装得很好，实际上虎视眈眈地寻找机会的反毛主义者。从毛泽东的故事可以窥见其身为革命家的"犀利的洞察力"和身为领导的"孤独的自我"。

马基雅维利说："老百姓说'我们准备好了为国王牺牲'，那只是不需要牺牲的时候说的。"正像马基雅维利的警告，部下向上司表忠心的大部分场合，是并不需要发誓时的奉承行为。越是阿谀奉承的人，情况一变，越会率先叛变。历史证明了这一点。问题在于即使是聪明的人，一旦权力在握，不知不觉中也被关进人墙包围的真空之中。这堵人墙好比一条护城河，只有当权者喜欢的信息才能越过这条河。

相比较谴责的话而言，人们更喜欢听奉承的话，即使明明知道那是阿谀奉承，也觉得心里舒服。善于阿谀奉承才能飞黄腾达，人总是希望自己的人格可以得到很高的评价，因为社会承认自己的程度往往达不到自己所期待的程度。然而，得到他人尊重有很简单的办法，那就是先去尊重别人。当你尊重对方时，对方也会高高兴兴地敞开心扉款待你、尊敬你。所以孔子教导说："不患人之不己知，患不知人也。"(《论语·学而》16)

人总是拿自己和别人做比较。通过比较，认为“那人和我差不多”的时候表明那人比自己优秀，认为“那人不如我”的话，实际上认为那人和自己差不多就可以了。不管是谁，人们都有自我评价比他人的客观评价状态更高的倾向，所以，大多数人都有“我应该得到更高评价”的抱怨。因此，平时称赞别人，是与别人维持良好人际关系的秘诀。①

做学问的人也很难逃脱奉承的羁绊。下面来看一个关于清朝才子袁枚与其师尹文端间的小趣事。袁枚少年得志，20 岁任县令。赴任前向老师尹文端辞行请训。老师问他都做了哪些赴任前的准备。袁枚回答说，无他，只准备了一百顶高帽。当时高帽就是奉承的代名词，袁枚的意思是他已经做好了奉承的思想准备。尹文端是位知识渊博、有德行操守的名臣，他板下脸批评袁枚不能搞这一套。袁枚慨叹说：“不如此不行啊！如今社会上大都喜欢戴高帽，像您这样的实属凤毛麟角！”尹文端听了暗暗点头，转忧为喜。不知不觉中他老人家戴上了袁枚奉上的高帽。从尹文端那儿回来以后，其他弟子纷纷问袁枚和老师谈得怎么样。袁枚说：“我准备的 100 顶高帽只剩下 99 顶了，还没上任就送给了老师一顶。”②

人人都很享受好话和赞美之词，并以此感到开心。但拿破仑很厌恶奉承。他的参谋说道：“陛下，您很不喜欢花言巧语、阿谀奉承啊。”听到这种赞美之辞，拿破仑甚觉欣慰。称赞在人际关系中起着润滑剂的作用。想要打动一个人，首先要洞悉对方想听什么话，立即付诸实行。想要别人喜欢自己，首先要学会肯定别人。那么该肯定什么和怎样肯定呢？见到有钱人说“您真有钱”，当然不会高兴。但如果高度赞

① [日]谷澤永一：『人間學』，五月書房 2000。

② 송찬문(宋灿文)(譯)：南懷瑾，「논어강의」，씨앗을뿌리는사람 2012。

扬他的人格、演讲水平或兴趣，气氛自然变得不一样了。

称赞别人的人是君子，阿谀奉承的人是小人。称赞让对方高兴的同时自己也高兴。然而奉承使对方倒霉，自己的所得多少就是对方的所失。问题在于在日常生活中，称赞和奉承的界限模糊不清。尤其成为当权者以后，不知不觉中逐渐被“权力之毒”所麻痹，贪婪于爱听的信息，容易只把奉承的话当作真相。本来是善于采纳忠言的坦荡君子，一旦被“权毒”麻痹之后，也会变得无可救药。

当以当权者的面目面对社会时，自然会有一群爱迎合顺从的人排成长队紧随其后。这种情况下，再聪明的人也会昏聩，这只是个时间问题。当一个人头脑糊涂以后，容易将奉承的人当作淳厚之士，刚直的人当作过激之人。所以职位越高，得到的爱戴与尊敬越多，越需要直言不讳的老师和亲信。

大人物拜大师

拥有大智慧且境界很高的圣人不会被任何恶习或诱惑所感染，普通人虽然有一定的决心，但受周围氛围和环境的影响，容易摇摆不定。古今中外不论多么优秀的领导者都一定有一位好老师。通过与好导师邂逅，成为出色的领导。只要想要成为一个好领导，必须寻找一位贤明的导师。

但小器很难拜大器为师。雇主想建小房子，而木匠想建大厦，雇主当然不会听从木匠的话。没有远大抱负的领导者不能拜大师的理由就在于此。对这个道理《孟子》说得很清楚。

“故将大有为之君，必有所不召之臣；欲有谋焉，则就之。其尊德乐道，不如是，不足与有为也。故汤之于伊尹，学焉而后臣之，故不劳而王；桓公之于管仲，学焉而后臣之，故不劳而霸。”孟子继续说：“今天下地丑德齐，莫能相尚，无他，好臣其所教，而不好臣其所受教。汤之于伊尹，桓公之于管仲，则不敢召。管仲且犹不可召，而况不为管仲者乎？”（《孟子·公孙丑下》2）

即使导师再优秀，学生自己不努力的话，也无法为其创造灵魂。只有学生自己想要看清社会的时候，导师才能帮他开阔眼界。自己不想觉悟，自己不孜孜不倦地努力，导师再苦口婆心，也培养不出人才。所以孔子有如下的说法：“不曰‘如之何，如之何’者，吾末如之何也已矣。”（《论语·卫灵公》16）

不直言等于孤立

老师未必在所有方面都比弟子强，所以哪怕一个人只有一两句有道理的话，也可拜他为师。即使尚未达到高境界的部下，在有些方面你也可跟他学到很多东西。

有一天朝鲜时代大儒栗谷①对不善听谏言的宣祖②国王说：“假如陛下诚心治世，即使是凡人的话语中也有益于圣德的东西。如果陛下得过且过，只注重形式，即使孔子和孟子时刻在您身边，天天讲道理，也徒劳无功。”③

在上的人未必总要教导在下的人，部下未必总是只接受命令。优

---

① 栗谷（1536—1584）：名李珥，栗谷是他的号，谥文成。朝鲜时代大儒，有海东孔子之称。——译者

② 宣祖（1552—1608）：朝鲜第十四代君主，于1567—1608年在位。——译者

③ 민족문화추진회（民族文化促进会）편：「石潭日記」，솔1998。

秀的领导也可向部下学习很多东西，从部下的提醒中受到很多启发。当权者与部下的关系好比学生与老师的关系、鱼与水的关系。这种和谐的关系可从唐太宗与其大臣魏征的事例中看到。唐太宗对魏征评价道：

“魏征随事谏正，多中朕失，如明镜鉴形，善恶必见。”（《贞观政要·求谏》）①

领导在区分善恶的时候，受到部下很大影响。与唯唯诺诺地随大溜或因为惧怕不敢提意见的数百名部下相比，一个敬忠直言的部下的影响更大，没有这样的部下的领导是孤独的。部下不予进谏，等于孤立上司。唐太宗对大臣还说：

“人欲自照，必须明镜；主欲知过，必借忠臣。主若自贤，臣不匡正，欲不危败，岂可得乎？”（《贞观政要·求谏》）

听了李世民的话，谏议大夫王珪答道：

“臣闻木从绳则正，君从谏则圣。是故古者圣主必有争臣七人，言而不用，则相继以死。”（《贞观政要·求谏》）

太宗问魏征曰：“何谓为明君暗君？”征曰：“君之所以明者，兼听也；其所以暗者，偏信也。”（《贞观政要·君道》）

魏征如此忠直，指点唐太宗的过失。当魏征病逝家中，太宗亲临吊唁，并对大臣们说：

“夫以铜为镜，可以正衣冠；以古为镜，可以知兴替；以人为镜，可以明得失。朕常保此三镜，以防己过。今魏征殂逝，遂亡一镜矣。”（《贞观政要·任贤》）

---

① 吴兢编撰，段曹注译：《贞观政要》，崇文书局2007年版，第45页。本书中出现的《贞观政要》皆参考此书。——译者

完美的秘书与莫逆之交

对当权者直言的心腹分两种，一是在同一组织内一起工作的，另一是在组织外站在客观立场提建议的。与当权者在同一组织内工作，形成命运共同体，最为亲近的正式部下就是秘书。秘书一词的英文是“secretary”，就是保守秘密（secret）之人的意思，包含着他人不知情的秘密的顾问之意。秘书不是杂役，也不做琐碎的小事，应是当权者的贴身顾问，企业家的秘书应是最亲近的智囊。

秘书扮演的角色应随当权者风格与性格的不同而不同。一般人的秘书与圣人的秘书作用当然不同。圣人的秘书中完美无缺作用的典型可举佛陀的秘书阿难为例。佛陀的教坛日渐庞大，弟子增多，佛陀也变成了白发老人。有一天佛陀在竹林精舍说道：“我已经老了，希望有个人在我身边替我处理杂务。”

高参弟子们听到佛陀想选一个侍从兼秘书后，纷纷自告奋勇担当这一光荣职责。佛陀笑着说：“你们的年龄不也跟我差不多吗？连你们都需要各自的秘书，怎么能给我当秘书呢？”这时高参弟子们商量以后将阿难推荐为秘书。阿难听后，虽然是光荣的职位，但以任重而推辞，说：“我的修行还不够，怕在世尊与众弟子之间不能顺利地履行好义务。”高参弟子们再三劝说，阿难提出了三个条件：

第一，佛陀的衣服，无论新旧，他都不接受；

第二，佛陀应信徒之邀赴宴，绝不去同席共餐；

第三，不没完没了地去拜见和侍护佛陀。

听到高参弟子们转呈的阿难的条件，佛陀赞不绝口，说：“阿难果真是非一般之才呀。第一是自戒,防止自己比其他弟子受到优惠待遇。第二是自肃,防止自己因近侍而犯生活上的错误。第三是自律,防止自己说人长短,道无用之语。”

阿难提出这样的要求是为了自警,警戒自己不介入佛陀与高参弟子之间的人际关系、佛陀与外部人之间的人际关系。同时,又警戒勿因自己在优越的位置受到别人的嫉妒,警戒勿因自己对教坛组织内部的人际关系造成不良影响。从那时起,阿难一直担任侍者,随侍在侧,坐立世尊达 25 年之久,皆遵照佛陀的意旨行动,依教奉行,不断修行。当然,也未曾用恶言中伤他人,窥视他人利益,是一个真正优秀的秘书。①

对领导真正直言相助的心腹之人只存在于组织内是远远不够的。就像邻里街坊之间未必熟知,内部人看内部有其局限性。因此在离你一步之遥的地方,应该有不受形式与步骤之限制的朋友,拥有如此的朋友是领导的幸福。

有道是,在女佣与侍从面前不可能有英雄。意思是说人都是软弱的,在你身边的人肯定知道你的苦恼与困难,所以一同度日的亲近之人若进言不会超越当权者的局限性。正像名医治不好自家人的病一样,因个人感情和成见容易混淆本质。

正像饭后还要服用维生素一样,领导的信息还要用来自组织外部的补充。尽管来自组织内部的营养占了很大比重,数量虽微但不可或缺的营养还要从外部亲近之人处获取。领导需要可以提供微量营养的现场情报网络。综上所述,领导者需要指引方向的老师、直言不讳的部下以及始终说实话的挚友。

---

① [日]伊藤肇:『現代の帝王學』,PHP 研究所 1993。

第二编 包容社会

第 6 章　越过愚昧之墙

有这样的人，明知情况变了，自己却拒绝变化、拒绝改正，固守陈旧观念。这样的人常常固执己见，自动屏蔽外界信息，将自己封闭在“愚昧”的围墙之中。当今社会，很多人都被封闭在愚昧的围墙之中。产生这种现象的原因是什么？个人或社会从愚昧之墙中解脱出来的办法又是什么呢？

小实践带来大变化

生活在当今社会的人们，不管是谁都要谋划自我变革。有道是君子豹变，善于改正错误才算是君子。要想开创成熟的明天，应善于学习别人的长处，认清自己的短处，不要惧怕改造自己。这就是孔子所说的：“过，则勿惮改。”(《论语·学而》8)

构想了日本明治维新的坂本龙马以“今天的我不是昨天的我”作为座右铭，所以才能制定出新日本制度的框架。冈野雅行在其著作《拼死工作》里主张，现代社会需要转换“诚实”一词的概念。在如今的急变时代，努力谋求改变，随着变化的市场环境不断革新技术业务，才是真正意义上的诚实。

但这也不是让你去追求一下子发生戏剧性的变化。《从好到伟大》(*Good to Great*)的作者吉姆·柯林斯(Jim Collins)说，立足小小的变化，不知不觉中会带来大的变革。

在棒球场上，打手打出球后拼命地朝 1 垒跑，其生死往往决定于平均 1 英寸的差异。成功与失败的差异、一流和三流的差异就是取决于克服那 1 英寸。小成功的重复积累造就大成功。

有些人平时不努力于本职工作，但却奢望有朝一日自己会有出人头地的优秀业绩。连日常的事情都处理不好的人很难能处理好新的大事情。这就像连家常便饭都不会做的人，不能奢望其开发特殊的菜肴。心急吃不了热豆腐，人不能一步登天，要一步一步慢慢改变。但没有梦想或希望的人难以改变，不会感恩的人难以改变，单向思维的人也难以改变。在复杂的社会以单向思维过活，难免会偏见和固执。

周围有些人英语好，数学也好，是名校毕业生，但他的行为却像傻瓜一样。如此看来，傻瓜并不指学历低、没学到东西的人或者大脑有障碍的人。傻瓜不是说他大脑有问题，而是取决于他对社会的适应能力。如果一定要给傻瓜下个定义，那么“傻瓜”就是“对自己不关心的东西自动屏蔽信息的人”。

电影《雨人》的原型金·皮克(Kim Peek)是有超强记忆力的天才。但他患有自闭症，从社会角度看，他就是一个傻瓜。像这样我们所认为的天才，从另外一个角度看，很可能就是一个不折不扣的傻瓜，或者说天才和傻瓜只隔着一层纸。根据科学家的研究，人和黑猩猩的遗传因子序列相似度高达 98%。猩猩和人的大脑相似度 94%，只有百分之几的差异。猩猩和人的大脑差异并不大，所以说很难单靠数值来确定一个人是天才还是傻瓜。

丢掉包袱才能免做乞丐

畅销书《傻瓜之墙》的作者养老孟司把人类刺激与反应的关系用一次方程式表示为：Y(行为) = aX。

在这个方程式中，对刺激 X 产生的行为 Y 每个人都一样。关键在于因系数 a 不同，行为 Y 的值千差万别。在这里，a 因人、环境、情况、时代等因素而异。a 可能是正数，也可能是负数。因为它有随时变化的可能，所以把不喜欢“-”(负数)可任意地变成喜欢“+”(正数)。刚开始互相讨厌的两个人发展成恋人关系，也属于这一例子。①

养老孟司教授在其著作上说：“不是昆虫学家，一般人走路的时候不会对路上的昆虫产生什么兴趣。如果是钱或者钱包，很多人会驻足犹豫不决起来。这是因为心理上的 a 在起作用。由此看来，当 a = 0 的时候问题才严重。a 是正还是负，只要不是 0，Y 肯定就有值即有行为。但如果 a = 0，毫无反应，则什么行为都没有。”

在这里我们要关注重要事实，也就是 a 为不变的固定值时，人就会成为傻瓜。a 固定时，不论什么样的刺激行动都是固定的。就好像正比例图表中与 X 轴平行的直线上的一个点一样，只能做出限定的运动。这样的行为来源于一元论的思维，在思考停止的状态下产生。如果一个人陷进一元论的思维之中，会把自己关在坚固的围墙之中。活在坚固围墙之中的人看不到对方的立场，看不到自己和别人的立场，成为与社会不能沟通的傻瓜。

---

① ［日］養老孟司：『バカの壁』，新潮社 2003。

如今在我们的周围a固定，只靠一元论的思维来生活的人出人意料的多。也许所有人都或多或少地在傻瓜的围墙中生活。不管是谁，想要过得轻松点儿、自在点儿是理所当然的事情。但值得担心的是，如果有需要考虑的东西却压根就不想思维，他就是自甘堕落的傻瓜。

大部分人不愿意自己主动找自己的茬，更讨厌听别人的忠告。痛苦的事情不想去提及，同时，还想堵住进入自己的脑子里的新鲜事物。到这个地步，等于自己把自己关进傻瓜的围墙里。人只要不有意识地自我修养，a便固定起来，就会按一元论思维生活在社会。问题在于加入领导队伍的人中这种人为数不少。

对别人有过重要影响的人，即使情况发生改变了，也不想改变过去形成的固定观念，这不能不成为问题。只以现在自己所具有的浅薄知识和有限经验看未来的人没有未来，这和视随身携带的包袱为生命的乞丐没什么区别。虽是乞丐的包袱，但是里面有他日常生活所必需的一切东西。乞丐把包袱视如命根加以珍重随身携带。物以类聚人以群分，乞丐只和自我感觉是乞丐的人聚在一起，互相谈论他们的贫穷与世道的不公平，他们以乞讨为生，连祝愿都是乞求的味道。所以，既然乞丐与乞丐在一起成群，免不了乞丐的命运。

乞丐想要摆脱乞丐的人生，必须从乞丐群中脱离出来，丢掉乞丐的包袱。但乞丐跟乞丐生活在一起才觉得方便，让他们扔掉乞丐的包袱就像富人扔掉房子一样不容易。乞丐的群体和包袱是他们的困境和陷阱。

想用浅薄的知识去冲撞坚固围墙的人以及想用微不足道的权力去恐吓别人的人，都与依赖于包袱的乞丐没什么差别。任何组织中都有无所事事但不反省自己，反而想找个与自己"志同道合"的同事的人。这些人迷恋于错误和微不足道的现实，想要割断通向未来的道路。在这一点上，他们与物以类聚的乞丐相同。都想用渺小的现实与狭隘的见解割断通向未来的光明大道，这一点和乞丐完全一样。

固执错误不可救药

有人说，如果周边人改变，同事认真工作，我也可以改变，并且努力工作。可是，为什么别人先变了你才可以变？为什么不能在别人改变之前自己先变呢？只有自己先变且令别人也变的人，才有资格当领导、当长者。如果每个人自觉进行自我变革，按变革的程度组织也会相应产生新面貌。如果自己变了，组织也会变，组织变了，地区也会变，国家也会变。

只有觉醒的少数人变革以后，促使周围的人也变革，我们的社会才会随之而变革。正像自我成长的人才能帮助别人成长一样，只有自我变革的人才能令别人变革。早早捕捉出时代发展和环境变化的趋势，自觉地选择变化，全身心地投入到开启未来大门的人，我们才能称之为领导。以未来的愿景为基础，不断提升自我的人，才能成为成功的领导者。

领导者分为两种：一种是通过对传统的革新，再创造出新想法的理念型领导，另一种是实践型领导，当然也有两者兼而有之者。不论是理念型领导，还是实践型领导，其共同点在于追求创新。想要追求新鲜，要先从推倒“傻瓜之墙”开始。比起民间，公职社会的“傻瓜之墙”更高。公职社会不愿接受没有前例的新思维，更厌恶需要动脑子和冒险的事情。也有人认为应对新课题本身就是折腾公职社会的把戏。他们想要防止新事物和新课题进入自己的脑子里,故意堆砌“傻瓜之墙”,过自己“安逸”的生活。

公职社会集体被束缚在“傻瓜之墙”的前例蹈袭主义,常常打出沉没成本(sunk cost)之论调。说已经投入预算,进行了一部分,不能再改变了。明知某一个政策或者方针是错误的,为了不承认既成错误,集体修筑“傻瓜之围墙”。人都会犯错误,但有比犯错误更严重的错误,那就是错了不想改,这才是不可救药的错误。不是犯一次错误就能结束的,而是一辈子都将活在错误中。

子曰:“过而不改,是谓过矣。”(《论语·卫灵公》30)

改正错误说着简单,实践起来却不简单。有道是君子豹变,君子有错会立即改正,但小人犯了错误以后,总想寻找借口,隐藏自己的错误。

子夏曰:“小人之过也必文。”(《论语·子张》8)

一个人是不是真正的傻瓜,看其在犯错后的行为便可清楚。并非改正错误,更想寻找借口,掩盖错误,接连不断地重复失败。这样的人才是真的把自己困在“傻瓜之墙”的人。

活用失败

很多人惧怕失败,因而顾忌新事物。创造与失败是挑战所产生的双胞胎,没有挑战就不可能有创造。人们常把“我要挑战”当成是一种格言,但挑战也可能导致失败。不能只把挑战成功才称之为资产,挑战失败也是资产。搞清失败的原因,使它成为组织全体成员的教训,并加以牢记,可成为下一次实践的成功之母。历史上伟大的成功之士共同特点在于“必要的时候作出必要的挑战，同时明确把握其中的危险，为尽可能减少危险而努力”。成功的人善于把握危险，危险减少多少，成功就增加多少。[①]

个人或者组织减少失败的最基本的行为就是不重复同一种失败。重要在于将失败中取得的知识加以公式化，并使人人皆知。特定的个人所经历的失败，只要它停留在秘密状态，那就只是个失败而已。但如果把这个失败公开表露出来，也就是说将隐性知识[②]加以表露，使它转换成显性知识，那它可成为革新的出发点。将失败的教训即显性知识录入到各成员的大脑之中，活用到组织整体上，升华到组织知识的层次，便可与革新的实践相连接。[③]

世界上没有完美无缺的人，同样，也不会有绝对安全的体系。因为人类或社会都是不完全的存在，越想创造出新的未来，失败的可能性也越大。想要从事新的事业，就要预想到失败。预测可能产生的失败，将在损害扩大前予以应对，才是生活在世上的所有人的课题。更好地应对失败，善于活用他人失败的教训非常重要。活用失败的教训和成功的经验，才叫真正的知识管理（knowledge management）。人和组织虽说不是完美的存在，但也不是完全的傻瓜。所以不可能在同样

---

① David Osborne and Ted Gaebler, *Reinventing Government*, New York: International Creative Management, Inc., 1992.

② 隐性知识（tacit knowledge）指通过学习和实践被某个人所获得，但只存在于他的脑子里，未曾通过语言或文字表露在外的知识。显性知识（explicit knowledge）指隐性知识通过文书或便览表露在外，被很多人所共有的知识。知识理论的大家野中郁次郎教授认为当隐性知识加以升华，变成显性知识的时候，才能创造更高的价值。不但组织所保存的各种文书、报告、数据库等有形的知识，而且沉睡在成员脑子里的无形知识也是财富。将后者加以最大限度地挖掘和活用，以提高附加价值，才是知识经营的基本。

③ [日]中尾政之(外)：『これからの公共事業と技術職員の役割』，東京都職員研修所 2003。

的情况下面对同一个对象,历经同样的过程,重复相同的失败。但也有很多人常常在类似的情况下,反复经历同样的失败。

失败之间有其类似性,梳理类似性的脉络的内容就是知识。比如虽然受传销者欺骗的人很多,但其投资对象不同。即使对象不同,那里有共同的失败规律,就是在传销对象饱和后不久,该类组织无一例外地破产掉了。即使投资对象不同,但只要以相同的传销方式投资,必将重复同样的失败。对于我们来说,重要的是客观化和活用失败的教训。①

失败也有好坏之分。好的失败是挑战的副产品,能够给后代传达知识,明示事实,阐述其教训。但是在现实中很少有可完全明示事实的失败。尤其其内容经过分析、压缩、升华,可供人记住并吸取教训的,经过整理在韩国政府的治理事例中很难找到。韩国历史上反复有过不少失败,但几乎还没有供后人吸取教训的失败。这当然不能只怪韩国人的特性,也怪"忘掉失败,重新出发"的人类的本质属性。

坏的失败是指无视社会规范所造成的失败,是该组织为了回避责任,试图抹掉其痕迹的失败。这样的失败大部分不被公开透露,即在隐性知识中蒸发掉,不被反馈,并且同样的失败继续重复。这样的重复失败在接连抹掉其痕迹的过程中扩大再生。扩大再生的失败到一定程度,因内部告发被暴露,或者成为大型事故,使组织陷入大混乱的漩涡,有时还会使组织遭到毁灭。

不管哪个组织,其成员不腐败很重要。比这个更重要的是如果有犯错误的政策,则尽早纠正其政策,因为一种过失可生成新的过失。

---

① [日]中尾政之(外):『これからの公共事業と技術職員の役割』,東京都職員研修所 2003。

所以说，不隐瞒并承认过失，是真正的当权者应有的姿态，是新希望的端倪。承认错误、改正错误本身就是大度领导者的形象。不过，不管哪个组织，承认失败，予以公开，并非易事。大部分的组织都只是期待新价值的创造，要求挑战新课题，但却不愿意承认错误。想要造就活用失败的组织，领导人首先要成为勇于承认自己的过失、纠正错误的典范。

优秀的领导不会固执于常识性的规范或者固定的规律。《三国志》的英雄曹操在弥留之际，留下了这样的话："如今天下处于不安定的非常时期，不能只依赖于过去的意识。"他临终还强调：囿于教条的思想、固执固定观念，绝不可能成就大业。

如今国家和地区之间开展的竞争仿佛是一场战争。即使这场战争是在同样的条件、同样的士兵、同样的环境下开战的，它也会在每一次的重复之中演变成另外一种战争。战争是在不固定的原则下展开的。孙子曾说过，战争的胜利不会反复。想要获得成功，就要从固定观念的"傻瓜之墙"中解脱出来。

第7章　用生命的镜子照看自己

他人都是审视自己的“生命的镜子”。为了造就比昨天更发展的今天，比今天更有希望的明天，应该学习别人的优点，用别人的缺点警示自己。我们观察别人是为了校正审视自己的眼睛。有了客观地审视自己的眼睛，才可能看得到别人。

所有人都是照我的镜子

唐太宗李世民说，铜镜可使衣冠端正，以历史为镜子可知天下兴亡、朝代更替的原因，以他人做镜子可以认识到自己的错误。为使自己的人生更有意义，应该接受的教育不在远处。在日常生活中只要我们具备肯学的态度，周围的所有人都会成为自己的老师。

子曰：“见贤思齐焉，见不贤而内自省也。”（《论语·里仁》17）

这是孔子教导我们在日常生活中应保持的终身学习态度。

子谓子贱：“君子哉若人！鲁无君子者，斯焉取斯？”（《论语·公冶长》3）

这是孔子高度赞扬自己的弟子宓子贱。

据《韩诗外传卷八》记载了孔子与宓子贱的一次对话。宓子贱曰："所父事者三人，所兄事者五人，所友者十有二人，所师者一人。"孔子曰："所父事者三人，足以教孝矣，所兄事者五人，足以教弟矣；所友者十有二人，足以祛壅蔽矣；所师者一人，足以虑无失策，举无败功矣。"

孔子格外多次教导，要以向别人学习的态度生活。其中最广为流传的就是："三人行，必有我师焉。择其善者而从之，其不善者而改之。"(《论语·述而》22)

这句话恐怕每个人都至少听过一两次。在人与人的关系极其复杂的社会里肯定会有上下之分，为了使自己更强大，不但要向长辈、上级学习，也要向晚辈、下级学习。

一个人的能力就好像骑自行车。在不蹬脚踏板瞬间，速度就会减慢，然后摔倒。同理，个人和组织想要保持竞争力，就必须时刻鞭策自己，以走在自己前面的人为模范，不断努力。与不如自己的人相比，自己永远都有优越感，不能激励自己奋发图强。所以领导者不能交不如自己的人做朋友。

子曰："君子……无友不如己者。"(《论语·学而》8)

无人不如己

无友不如己者。(《论语·学而》8)

这是孔子教导当时在位的君主说的话。君主忌惮比自己强的人在左右直言不讳，愿意将不起眼的小人放在身边为所欲为。孔子的这句话是为警戒这种君主而说的。孔子不是自私的家长，教育自己的孩子"不要不如自己的朋友"。如果真诚地听从孔子的教诲，也就是说以诚实的人生态度生活的人，是能从不如自己的人身上学到新的东西的。如果不以君主为前提，按字面意思理解的话，也可以理解为没有不如自己的朋友。

今天，正确解释论语《学而》篇的内容，就会明白如下意思。

子曰："君子不重，则不威，学则不固。主忠信。无友不如己者。过，则勿惮改。"（《论语·学而》8）

论语这段话的完整意思就是：领导人想要有威严就要重厚。有权力的人容易固执己见，暗于事理，欠缺通融。所以要通过学悟道、解惑，辨别礼仪，以防孤陋寡闻。越是当权者越要勿忘忠诚是本分，带着别人都比我强的心态接受别人的长处。犯了错误，不要碍于面子犹豫不决，要立即改正错误。

多数人还是希望能够跟比自己优秀的人交往。一旦交了朋友，就要认识到"对方比我优秀"。万一没有完成，就要反省自己是否没有可供对方欣赏的魅力。不管是谁，都有让自己有魅力的简单方法。发现别人的长处，毫不犹豫地去学习，这就是使自己有魅力的再简单不过的办法。每个人都有自己的长处，还要学习别人的长处，用别人的短处反省自己，那么这世界不会没有不能教训自己的人。

相互交际的任何一方各自有其长处。即使他在某些方面是错误的，也会有正确的一面。所以："君子不以言举人，不以人废言。"（《论语·卫灵公》23）就某特定人来说，虽然他的行为可能为人不齿，但他有时也会说公道的好话。即使不起眼的人，如果他说了有用的话，那么也不应该当耳旁风。

好为人师的毛病

人，警惕自己的不足，难；埋怨别人的不足，易。所以孟子说："人之患在好为人师。"(《孟子·离娄上》23)我们需要改掉自己还没学好还好为人师的坏毛病。

在日本被尊为经营之神的松下集团创始人——松下幸之助会长过 90 大寿的时候记者问他："先生，您怎样让自己成为如此的富翁，同时又受到全国国民的尊敬呢?"松下会长回答道："我是带着三种福分出生的。第一种，我 11 岁丧失父母，当别的孩子还在撒娇的时候我早就懂事了。第二种，自出生我一直就是病秧子，身体不好，生活谨慎，所以才能活到现在。第三种，小学 4 年级就退学，走到哪里，见到的都比我有学问，所以养成了悉听他人、学人长处的习惯。"之所以能成为世界性企业"松下集团"的创始人，是松下会长经常自以为不足，走到哪里都努力倾听、学习别人长处的结果。

诗人柳时华编纂的箴言诗集《如若当时也懂得这些》里收有 17 世纪某修女的祷告词：

……不要让我成为一个多嘴多舌的老人
不要让我染上爱管闲事的痼癖
染上好出风头的毛病

让我摆脱
想要拯救众生的热望

不要让我成为深思却又寡言的人
不要让我成为
助人却又爱管闲事的人

孔子所不原谅的人

孔子谴责当时的有名之士少正卯,说他既有作为人可饶恕的缺点,也有作为人不可饶恕的缺点。孔子所说不可饶恕的缺点有五种,连抢劫和盗窃也不算在其中(盗窃不与)。一,很聪明,却又为人凶险(心达而险);二,行为怪僻反常,却又顽冥不化(行僻而坚);三,说话伪诈不实,却又巧言善辩(言伪而辩);四,记写许多阴暗怪诞的事情,却能旁征博引(记丑而博);五,支持别人做坏事,并替他解释辩白(顺非而泽)。人如果犯有这五种罪恶中的一种,就一定要被国君杀掉。而少正卯兼有五种罪恶,是坏人中最凶恶者,决不能不杀他。①

我们会遇到因用道理伪装,无法正面驳斥恶行的时候。也有人自己行善却让别人倒霉。我们周围有很多人曲解人意、忘恩负义,不顾朋友和老师的忠告,损自己、害组织、毁社会。而其中最常犯的错误就是爱多管闲事,好为人师。

即使如今的社会处在很高的教育热潮之中,但也免不了些许病痛。这种现象的原因在于人们常按自己的方法去教育别人,但很少有人愿意通过自我学习而改变自己。从自己的立场出发,左右他人的思想和态度,证明自己的存在,会导致家庭、单位、社会处于“斗争过剩”状态。要想获得幸福,就要从教育他人的教育社会中解脱出来,进入到另外一个自我教化的教育社会。只有在学习的社会里,才能在活生生的镜子中照看自己,创造出全新的自我。

我们周围有不幸的聋哑人,他们不能说话的原因是耳朵听不到。

① [日]安岡正篤:『東洋宰相學』,福村出版 1988。

在我们的时代，真正的聋哑人不是身体残疾的人，而是充耳不闻的人，他们才是无法治愈的聋哑人。在我们的社会里充耳不闻的人实在太多了。只顾自己说话，不听别人说话，想按自己的意图改造别人的人实在太多了。

掩耳的宣传政策

在我们的社会，弱者和女人由于不能共享信息，由于不能参与领导岗位，压根无法提出自己的建议。于是男人自称女权主义者，代替她们提出建议。不过即使自称在所有问题上保持客观的、坚持民主的人，也常常处理不好与异性相关的问题。对女性的差别对待与偏见和知识水平、学历无关。对女性的观念和态度是由出生后来自环境的信息、幼儿时的潜在记忆、成长过程中的无数经验和遭遇，以及有意识的学习等交叉形成的。

本人都无意识的情况下，以自儿时起积累起来的男性优越主义的经验为底子，即使想出为女性服务的新名堂，也容易将自己当成支配者。揣测别人的想法，并把它断定为别人的想法，这种现象也不外乎来自听而不闻的习惯。解决女性问题，需要给她们以说话、听话的机会。

只说不听的胡乱行政也见于政府的宣传。纵观政府掩耳式的宣传，那可真是让人寒心。看看政府发行的宣传品，并没有市民想知道的内容，只有公务员想说的内容。因为不听只说，政府不知市民想知道什么。市民收到行政部门印发的宣传品后，不假思索地扔进垃圾桶。

信息的垄断连结成权力的垄断，信息的共享升华成问题的共享。信息的共享奠定了共同参与和共同治理的基础。市民不是该地区的客人而是主人，不是顾客而是所有者。该地区社会的所有问题，不能政府得知后负责解决，而应发挥市民应有的作用，该市民办的由市民去办。问题在于我们的居民想要将地区社会的所有事情都依赖行政部门。对行政部门的过度期待和行政万能主义等，其实都是从把市民看作被动之存在的行政结构中衍生出来的。

社会问题不是只靠行政努力就能解决的。现在，社会问题要靠市民亲手解决，必须重新确立市民参与的观点。以前是行政部门拟订计划，市民参与进来的方式；如今应该建立由市民拟定计划，行政部门参与进来的市民主导的自治方式。在行政部门说话，市民只听从的风气里，不能耕耘出由市民主体的自治。只有公务员听市民说话、向市民学习，自治才开始施行。只有公务员以市民作为生命的镜子，按照市民的想法工作，民主才会走向成熟。

不听别人的话，只按自己的想法一意孤行的现象，在集体尤其在当权集体里表现更为强烈。对此孔子早有教导。

子绝四：……毋固，毋我。（《论语·子罕》4）

子曰："……学则不固。……无友不如己者。"（《论语·学而》8）

第8章　活着就是学习和感动

人在日常生活中积累了丰富的经验。真正的经验即是感动。在生活中感动，在感动中学习。能学习、会感动的人能够造就一个充满爱、学习、感动的社会。

孔子的终生学习

为了学习而把自己关在象牙塔里是不可取的。更不能为了寻求真理而退隐江湖隐居起来。边工作边学习，能使学习的根基更深；边学习边工作，能学以致用，使知识面更广。工作和探求真理是一举两得的。所以说生活就是学习、爱、感动的过程。这才是真正的生活。

朝鲜宣祖八年五月，栗谷李珥与国王宣祖之间进行过问答，让我们通过他们的谈话看看什么是学问、为什么要学习和怎样学习。

栗谷："听说陛下要做学问，但由于事情太多而无暇顾及，您说过这样的话吗？"宣祖："说过那样的话。"栗谷："臣下听到此番话后又喜又愁。喜的是陛下有心做学问，而愁的是陛下并不知道做学问的道理。做学问并非是终日端坐于书桌前读书。做学问是使每天的所作所为都符合理。只因为不知道自己的行为是否符合理，所以才从书中寻找道理。如果只将读书当作做学问，不去追求行为的合理，这怎么能叫做学问呢？陛下只要让每天的所作所为不违背理，使每一个政事和命令都符合正道，努力舍弃不好的，哪怕是一点点，那就是做学问。”①

栗谷想要说的就是边工作边学习，边学习边工作。栗谷的“人生本身就是学习的过程”的思想，贯彻了《论语》“以学习的态度生活”的精神。《论语》以“学而”开篇，以“知人”结篇。一言以蔽之，《论语》就是“学而知人”。了解了“学而知人”，就是懂得了整部《论语》。“学而知人”的意思是“在学习中长成人”。“学而知人”进一步概括，就是“学人”。所谓“学人”就是成为学习的人，学习做人。为了能有更好的发展，思考更多的问题，使人生更加美好，当然要成为“学人”。“学人”就是有志于完美人格的人。所以说《论语》是教育人终生学习的教科书。

孔子认为活着就是学习和反省的过程。但孔子本人是一个连当时正规教育都没有受到过的人。那么没有学历的孔子是跟谁学、怎样学的呢？

卫公孙朝问于子贡曰：“仲尼焉学？”

子贡回答说：“夫子焉不学？而亦何常师之有？”（《论语·子张》22）

孔子的一生是自学的一生，既可以向贤明的人学习，也可以向傻瓜一样的人学习。即使比自己年幼，聪明年轻人的好思想都要努力接受。所以，有句名言：“后生可畏，焉知来者之不如今也？”（《论语·子罕》23）后生可畏是说后辈令人敬畏。

---

① 민족문화추진회（民族文化促进会）편：「石潭日記」，솔1998。

“后生”，是说比自己小 10 岁或更多的年轻人。比自己年轻 20 岁，就是说他在新时代生长了 20 年，而现在也正以年轻 20 岁的角度与当今世界合作。后辈现在呼吸的时代，自己和他同岁的时候即 20 年前是无法呼吸到的。所以比自己年轻的人总是在呼吸着新的时代，其思想也跟上时代的步伐。所以说后辈是可怕的存在。当然，年轻人也有因为年轻而无法触及的、不足的、片面的地方。当人们面对比自己年轻的人时，总是先看他的缺点，然后批评、埋怨。如果只看到年轻人的不足，那么他必然会犯大错误。应该吸收年轻人的思考方式。

虽然提出终生学习理念的鼻祖是孔子，但向世界传播和宣传“终生学习”(Life-long Learning)的是联合国教科文组织。1965 年，联合国教科文组织提倡“终生教育”，其中使用过“学习社会”(Learning society)一词，从而“终生学习”成了为教育提示新方向的关键词。

教科文组织所说的终生学习，是指为了自我教养和自我实现在人生的全部阶段、全部生活的场合实现，所进行的全部有意识的活动。它不局限在到青年期为止的定型性教育，即全部生涯的所有阶段都要学习。教科文组织复活了早在 2500 年前由孔子实践和强调的终生学习的精神。

但是我们的教育却以非常错误的成见为前提展开着，诸如说什么成人已经完成了教育、教育只需在人生的初期在学校进行等，就是这种偏见。其结果是，我们的社会只以在学校学习基础知识终结学习，从而成了学历结算的社会。不是根据钻研什么和怎样悟性来评价一个人的人品和价值，而是根据最终学历和所毕业学校来判断一个人的价值，社会从而成为“学阀社会”。如今很多人囿于固定观念，置身于斗室之中，就是这种教育观所造成的。

生命周期与终生学习

子曰:“吾十有五而志于学,三十而立,四十而不惑,五十而知天命,六十而耳顺,七十而从心所欲,不逾矩。”(《论语·为政》4)

孔子73岁去世,按当时算是长寿了。平均寿命短暂的时代,孔子也是在30岁的时候才确定人生目标,直到40岁之前仍会有动摇。我们每个人希望通过学习达到圣贤的境界,圣贤指孔子(圣)与孟子(贤)。圣人孔子也是通过学问坚定了不断动摇的自己。

孔子回顾其平生所说的这一段话,为我们终生学习的人生设计提供了准则。到多少岁我能成为什么样子?这句话提供了框架。与孔子的人生过程相比,现在我们在30岁确定新目标,可算不晚。在大转型和结构调整的时代,有很多人不管是否自愿,需要离开自己现有的工作岗位或寻找新的岗位。与孔子的时代不同,到了40岁还有人茫然失措,犹豫不决,选择自己的人生之路。有鉴于此,所谓四十不惑,可解释为人到40,应真正地重新审视自己的人生。

与孔子生活的时代不同,生活在今天这种高学历、老龄化、大转型时代的现代人,大概应该满足于四十而立、五十而不惑的境界吧!不论是孔子时代的人,还是现代的人,“四十不惑”里蕴藏着一个共同信息:四十几岁就不是独自一个人了,他要担负起家庭和社会的责任,要照顾自己,对社会尽责。

在孔子的时代,充其量只设计仅仅“人生50年”的短暂生涯。但今天我们生活在长寿到90岁的21世纪中,需要做“人生90年”的设计。在人生90年里,仅仅依赖学校教育是无法解决人生问题的。为了充满激情地过好人生90年，要历经所有年代、所有生活场合的整个人生的学习活动。

“生而知之”的最上层的人用不着再学什么了，可是在这个社会凡是成功的人，几乎都是胸怀大志，靠学习起家的“学而知之”者。

问题在于多数人无法事先把握自己该知道什么，也不能为知之做准备，所以人们遇到困境才奋发学习（因而学之）。这种人还算有点希望，真正成问题的是遇到困境也不想学习的人。这种人就是谁都挽救不了的“下愚”，是最下层的人。

孔子曰：“生而知之者上也，学而知之者次也；困而学之，又其次也；困而不学，民斯为下矣。”（《论语·季氏》9）

孔子将人分为生知、学知、困知和下愚四种。其中下愚是面临困境也无动于衷的傻瓜。下愚不是指IQ（智商）或学历低的人，也不是指放弃升学的人，而是在日常不以学习的态度度日的人，即放弃学习而不懂道理的人。

那么孔子是属于哪类人呢？

子曰：“我非生而知之者，好古，敏以求之者也。”（《论语·述而》20）

伟大的导师孔子也是15岁开始立志，通过不断努力学习成就的人物。心爱的弟子颜渊过世后，孔子度过他凄惨的晚年时，对自己一辈子如何努力学习，有这样一段话：

“莫我知也夫！”“不怨天，不尤人。下学而上达，知我者其天乎？”（《论语·宪问》35）

学习什么

人为了什么而学习呢?

子曰:“古之学者为己,今之学者为人。”(《论语·宪问》24)

学习首先是为了自我修养。但今天的人学习好像就是像孔子所说的那样,是为了在别人面前宣扬自己和推销自己。

荀子曰:“君子之学也,入乎耳,箸乎心,布乎四体,形乎动静。……小人之学也,入乎耳,出乎口。口耳之间则四寸耳,曷足以美七尺之躯哉!”(《荀子·劝学篇》)①

清代学者焦循引用荀子的这段话时说:“入乎耳,箸乎心,为的是自我修养;入乎耳,出乎口,为的是小人之学。入乎耳,出乎口,只是说话漂亮而已。”②

我们要在学习和做学问方面谨记孟子的忠告。

孟子曰:“仁,人心也;义,人路也。舍其路而弗由,放其心而不知求,哀哉!人有鸡犬放,则知求之;有放心而不知求。学问之道无他,求其放心而已矣。”(《孟子·告子上》11)

我们学习的根本目的是修身养性,成就诚实的自我。人的幸福在于寻找真正的自我,学会体会幸福的时候才有可能。所谓幸福是一种心理活动,它要具备我们能够感受到的幸福感和生活所必需的条件,自己在生活中养成好的习惯,努力使幸福与我同行,体会幸运与我同在。那么需要学习成就幸福通过的条件是什么?可以分为个人条件

---

① 张觉:《荀子译注》,上海古籍出版社 2012 年版,第 7 页。——译者

② [日]吉田賢抗:『論語』,明治書院 2004。

和社会条件。

首先让我们分析，幸福的人所需要的个人条件。

第一，身体健康。幸福始于健康，不能生病。只有健康和充满活力才可能具备收获感动的条件。幸福就是与能够接受感动的健康的体魄和为此拥有节制习惯的人同行。

第二，人际关系"健康"。人的幸福来自人际关系。想要有融洽的人际关系，就需要情绪稳定，努力生活在良好状态之中。为此，需要培植积极的姿态、信任和等待的耐力，承认自己极限的自制力，关爱他人的理解力，宽恕之心、忍怒之勇气。这样的性格会让你必定幸福。

第三，经济上"健康"。幸福需要有稳定的收入，无后顾之忧。对幸福的人来说，他的生存手段，即工作既能给他带来诸多乐趣，又能在业余时间享受幸福。

幸福的人所需要的社会条件是什么呢？

第一，社会风气"健康"。人的幸福通过相辅相成的体系得到扩大和再生。为了幸福需要公平开放学问与艺术的大门，以便自由追求真善美之价值。幸福根植于尊重他人个性的自由的学艺风气之中。

第二，政治"健康"。只有影响到个人尊严的地位或机会平等时，人的幸福才能得到保障。应保障和平与自由，个人的生命不受暴力威胁。幸福来自安全而又民主的环境。

想要在幸福中度过，需要肉体健康、精神健康和社会健康俱在。在健康的身心与良好的环境中身体会更加健康，好的环境造就健康的身心。健康的心理通过自己约束自己的自律性、自己依赖其他事物而存在的他律性养成。终身学习就是使自律性和他律性自觉起来，为幸福有体系地构筑个人条件和社会条件。

人的修养阶段

我们要以什么为目标，学到什么程度呢？孟子以修道为标准，有修养的人分为善、信、美、大、圣、神六个等级。

孟子曰："可欲之谓善，有诸己之谓信，充实之谓美，充实而有光辉之谓大，大而化之之谓圣，圣而不可知之之谓神。"（《孟子·尽心下》25）

从孟子对人所做的分类也可知，为了自我实现的学习是无止境。学习这个东西即使追而又追，却永不追及，同时还要防止学后遗忘。"学如不及，犹恐失之。"（《论语·泰伯》17）所以说活着就是自我学习的过程。事实上，在今天的社会，成为最低层次的善人也不简单。不论在职场，还是在家庭，成为一个他人喜爱的善人和他人信任的信人，也不容易。成为行善且予信的"美人"更难。如今我们终身学习，也许是为了步履孟子所说修道的各个阶段。达到最低的层次，首先要在社会上得以满足。为了最起码的生存，也要终身学习。

如今知识与技术的变化速度比我们想象的快得多，仅靠年轻时候的学校教育很难生存下去，也无法像样地度过人生。以每一个市民的求知欲为基础的终生学习，是像样地度过人生所必需的最起码的保障。在今天急剧变化的社会里，最可怕的敌人并不是竞争对手或讨厌自己的人，而是不想学习的态度和固执己见的思想，这无异于自绝于急剧变化的时代之外。是把时代视为敌人还是奉为老师，这无疑取决于自觉学习和磨练的态度。历史上，成功的人都是主动冲破界限之墙，为促成与昨天不同的新的自我而努力的人。

在韩国教育界中，常常自豪地用"人材培养"这个词，甚至将教育对象称作“人力资源”。“人材”，是将人当做材料或素材；“人力资源”，是将人看作一种经济上的财货。教育的目的是企业或组织为了方便，将素材加以加工的意思。但是孔子认为“学”的根本是使受教育者走“人道”，教育内容的根本是教给人道。即“志于道，据于德，依于仁，游于艺①”（《论语·述而》6）。

如此看来，人活着就是努力熟悉学问，以完善人格为理想，在人道主义的基础上享受趣味生活，安排人生。

越过双亲与地区教育的界限

如今很多人职位越高、影响越大，越会感觉到自己内心的狭隘。好像移到更宽敞的房间里的衣柜，无法掩饰变得狭隘的内心。怎么回事呢？是因为虽嘴里说应对社会的变化，但却只吸收零碎的知识，没有提高道德水平的缘故。只依赖知识的学问，未曾致力于智慧的学问，其恶果像匕首一样刺痛着我们。

近来，韩国的教育变为脱离双亲和地区的教育。为了学习，不得不离开父母，背井家乡，结果培养不出尊敬父母、热爱家乡的人。于是父母和孩子之间没有共同语言，越学习越远离家乡，这不是一般的问题。我们需要从根本上改变这种教育方式，变为尊敬家乡和双亲的教育，向双亲和家乡学习的教育，家乡和双亲要成为可受尊重的人。在父母受尊重的家庭和受成员尊重的地区社会，尽管只充实于日常生活，必要的教养自然会形成。

真正意义上的教养是以对人类生活的诚实和社会生活的充实为基

① 六艺具体是指，君子该习得的礼、乐、射、御、书、数六种技艺。——译者

础而养成的。只要在健康的社会充实地生活，教养自然会浸入身心。但有很多人社会生活一团糟，却扬言要搞好教养，并为此东奔西走。

子曰："弟子，入则孝，出则悌，谨而信，泛爱众，而亲仁。行有余力，则以学文。"(《论语·学而》6)

人要与身边人共同生活，其基础是他自己脚踏的那方土地。所以人类学习要学共同生活的态度，要从热爱乡土的爱心出发。如此看来，为了家乡的发展，为了与家乡人共同幸福，也要形成有终生学习的风气。

居民要树立共同体精神，为地区社会自觉承担主人的权利和义务。为使这种精神蔚然成风，在地区社会营造学习的文化，比什么都重要。只有自觉成长、热心向上的人才能使别人成长，只有学习的居民才能使地区社会发展。人们为了更好的生活，会不断发展。学习就是发展自己的一剂良药和必需营养品。并且只有每一个市民通过自发的学习活动领悟所知、所学、所乐的意义和价值，我们的社会才会高雅起来。

与生涯相关的学习会通过很多人的协助，养成善解人意之心，并向别人传达心灵的丰饶。政府应该通过终生的学习活动，给每个市民提供能够拥有充实的人生——多样又有个性的人生的基础。

社会本身就是大课堂

当今，很多人与其说为了自我反省而学习，不如说为了获得教育别人的理论而学习。不是在学习，而是在教育。所谓教育是指教授和育成。以教育著称的城市，其主体说到底就是教的人和教的机关，学的人不过是客人即客体而已。

例如，在某一个以教育著称的村落里，有人说“我们村里的人真有问题”，那是在说除自己以外的其他人都存在很多问题，所以需要改正。可是在以学习著称的村落里，有人说“我们村里的人真有问题”，那是在说，有问题的人群里包括说话的人。表达了先改正自身的学习意志。

如今，我们社会的教育热情很高，却逐渐显现病态，就是因为想教育别人的人很多，而真正想要学习的人却很少。所以尽管学校用“教育”这个用语，市民社会却应该用“学习”这个用语。同理，应该推动和引导市民社会学习热潮的地方政府，要使用“学习的城市”这个用语，而不应该使用“教育的城市”这个用语。①

在这种情况下，我们对各地方政府所促进的终生学习项目寄予很大的期待，但是现在很多地方政府所运营着的终生学习项目并不能满足这样的期待。问题在于学习项目的主要内容被消极地传播既成文化所点缀。而现在是推动地区想象力、扩大再生地区设想的终身学习最恰当的时机。现在地区的终身学习应改为以现场文化为主题，以现场的人为主体的学习体制。

“有教无类”（《论语·卫灵公》39）里的“教”是指“要学习的习惯”和“环境的力量”。美好心灵的人才能造就美好的邻居，他们的集聚会形成良好的风土。人们通过自己所生活着的地方的景观或惯例来学习和熟悉常识，在付诸实践的过程中造就地区之风土，自己也慢慢成为风土的一部分。因为人在共同体中成为社会的动物，熟悉常识。生活在共同体里的人们用贡献于共同体作为回报并铭记于心。

---

① 강형기（姜莹基）：「지방자치 가슴으로 해야 한다」，비봉출판사1999。

在景观美丽、公众道德充实的村落里成长的人,会有保护村落景观、为邻居贡献的义务感。同样,基于道理思维的人会时刻反思自己的行为是否真正为着邻居和地区,以公心为基础考量自己的义务,并加以行动。为将一个人培养成能为社会服务的人,需要社会整体为他一个人的学习活动进行投资。

“在公交车上偶然遇到的事情。日落西山,天近傍晚,很快看不到村落的影子。远处灯光闪耀,摸黑赶路的公交车停下。有一个毛寸头发的中学生下了车,而这时不再有人上车或下车。但在这初入冬的山脚下公交车并不动弹,而坐在车里的乘客无人说话。向窗外望去,啊!我终于明白了。公交车正在为刚刚下车的中学生照亮他的前路。过了一阵,中学生走到有路灯的村口,并手举帽子挥动。于是公交司机似乎回礼地按了两下喇叭,然后开始前进。”①

现如今的韩国社会,常常是要下公交车的乘客一条腿刚落地、另一条腿还在车里,公交车就已经驶出。在这样的国家成年人还在儿童教育的课程中加有“社会服务”的科目。在成为志愿者服务对象的地区社会,成年人还没有树立奉献精神,培养出孩子们的奉献精神是不可能的。只有在美好的村庄里才能诞生出善良的孩子;也只有在美好的村庄里,才有可能做出美好的想象。尤其处在成长期中的孩子们的道德观、情绪及其美的意识,是由地区社会的形象所铸造的。所以培养好一个孩子,只靠家庭教育、学校教育和补习学校的教育是不够充分的。

想要培养好一个孩子,需要社会整体成为学习的场所。而我们所切实需要的,就是乡土所给予的无言的教育。我们需要造就一座有爱、有学习、有感动的城市。

---

① [日]「小さな親切」運動本部:『涙が出るほどいい話』,河出新房書社 1996。

第9章　真学习与真渴求

有人对新兴潮流及资讯视而不见，刻意回避，只固执于陈旧的观念。也有很多人东奔西走，学习很多东西，却没有自己独到的见解，只收集了零碎的知识片段。学习就是思索的过程，思索就是对学习之物的再创造。真正的学习就是造就新的自我。

学什么，怎么学

学即广泛了解人类文化和文化遗产，也就是学习和认识前代人的睿智和技术。但光学习别人的东西是不够的，学而化为己有，学以致用才算是学了。为了学以创新，首先要恰如其分地了解和深刻地思索。要想“温故而创新”，就必须要思索。

子曰：“学而不思则罔，思而不学则殆。”（《论语·为政》15）

在我们周围有不想广泛地学习新东西，孤陋寡闻但又死倔的人。如果一个无知又死倔的人坐在决定别人命运的领导位子上，定会使很多人不幸。只有学习才会使思想有深度，创造有成就。

子曰：“吾尝终日不食，终夜不寝，以思，无益，不如学也。”（《论

语·卫灵公》31）

孔子在公元前6世纪到公元前5世纪，被他奉为学习对象的就是后来由他所编纂的中国古籍六经。六经是古代中国智慧的结晶，包括《易经》《尚书》《诗经》《春秋》《周礼》《乐经》。其中的《易经》是说明宇宙天体以怎样的结构运动的书，类似于一种自然哲学教科书。古代中国哲学认为人也是自然的组成部分。《易经》尤其能吸引我们的，是该书中自始至终没有神的登场。与基督教的自然观和伊斯兰教的世界观不同，它道破的是无神自然的内部秩序。

《尚书》记述了古代的历史。虽然前半部分是哲学内容，但主要记录了到周朝为止的古代中国的历史。《春秋》记录着孔子时代的历史。按现在的说法就是相当于近现代史。六经中史书竟有两部，可知非常重视历史。《诗经》是古代诗歌总集，包括民谣和反映礼仪的诗，也就是说，是古代中国的歌曲、民谣、诗等的集大成。《乐经》即音乐，属于艺术。

如今我们的学校和进修学校教的并不是六经。但是“学习”的意义基本上与孔子时代无大区别。为什么？因为学习就是在学习从古至今的文化和智慧等积累至今的传统和遗产。例如，学校学习的大部分知识是一种已经形成的体系。这样的体系与个人主观无关，是广为社会所接受的客观体系。为什么？因为我们将“已有的”嵌入到“已有条件”之中，也就是说，只有获得客观的知识，才能正确地了解历史和世界。

问题意识是学习的开始

为什么要学习并且思考呢？“思索”与“学习”有什么联系呢？“思

索”具体怎样进行？东奔西走地学得再多，如果没有一个明确的目标，只盲目地学习是没有用处的。具有“这是问题啊”的问题意识，经过独立思考去解决问题的时候真正的学习才算开始。当自主的问题意识产生的时候，为解决问题就需要具体的知识。想知道的迫切心情会让人学习到活生生的知识。

孔子认为自己不努力的人教了也没用，因此他对弟子的学习态度要求非常严格，对于不预习和不复习的弟子，孔子不再教他。

子曰："不愤不启，不悱不发。举一隅不以三隅反，则不复也。"(《论语·述而》8)

真正意义上的学习不是老师施教，学生被动地学。光靠老师教是不可能解决问题的。当人们迫切地自我质问的时候，才需要解决该问题的知识。在这种情况下，知识就转化成“知性工具”，成为可能解决自己所提出问题的工具。整天坐在教室里什么也不想，是收获不到任何东西的。因为今天我们所需要的不再是知识罐头。

“这是个问题”的另一种表达是“问题意识”。“思考”就是心里产生某种问题意识，并对其进行深入的考究。但是问题意识并不是谁都有，它只在努力提出的过程中才能产生。如果没有这种问题意识，难以在真正意义上了解事物，也无法加以改善。为了解决问题，首先需要意识到问题。意识到的问题在自己心中存在，就成为学习的动机。

“学习”和“思索”是相互联系的。如果说“学习”是客观事实，那么“思索”就是主观问题。解决问题只是未来的可能，但尚未解决。“问题意识”充分体现了这一情况。没有问题意识，就不能正确看待事物和现实。自己没有问题意识，被动地听到的知识只会左耳进右耳出。好比为了考试而背诵的知识会在考试后立刻忘掉。但如果是着眼于问题意识，学到的东西就会成为自己的知识。孔子说，如果没有问题意识，就不能正确理解事物，就是这个意思。

只有问题意识而没有知识，也是危险的。危险的意思是说，当想做一件事情的时候，没有充分考虑就直接付诸行动，所带来的意外结果。只有带着问题意识学习的人，才可能成为领导，成为专家。但如果囿于已有的条条框框，什么也不想，就会重蹈前辙，不会成为专家。

可教与不可教

在任何领域想要成为专家，都应该得其道。道就是原理。学得道理，习得悟性，然后就可以灵活地运用于日常生活和身边的万事万物之中。钻研原理，苦心造诣，那么再复杂的现实都适用。不过，再优秀的老师也有他教不了的东西。

孟子曰："梓匠轮舆能与人规矩，不能使人巧。"（《孟子·尽心下》5）

老师虽然可教弟子识字或传承知识，但奥妙的"道"只能由学习的人自行领会。要自己带着问题意识，努力自行领会，这是唯一的途径。人们之所以要有问题意识，领悟道，理由很简单：每个人都是唯一的存在，都是唯一的主体。人想要有竞争力，就需要有只属于自己的思路。完全地认识自我，知道自己能干什么，然后找出能够将缺点变为个性的独家逆转思路。

独创性的思路是指为了达成目标，探求出的属于自己的个性方案。独创的思路也只有自己固有的问题意识出现的时候，才有可能产生。但问题意识的发现和实现方案的研究，归根结底在领悟了基本原理的基础上才有可能。如果领悟了基本原理，在任何情况下都可以灵活地运用它。

孟子曰："自得之，则居之安；居之安，则资之深；资之深，则取之左右逢其原，故君子欲其自得之也。"（《孟子·离娄下》14）

无教育价值的人

孔子学堂向所有人开放，但孔子并不是谁都教。虽说培养人才是老师的使命，但社会上还是会存在没有教育价值的人。孔子也好，孟子也罢，在教之前都会在意人们的学习态度，他们认为想要学习的人首先要有端正的态度。

子曰："自行束修以上，吾未尝无诲焉。"（《论语·述而》7）

束修就是十条干肉，是孔子要求他的学生初次见面时呈交礼物的最低标准。当然孔子计较的不是物品的多与少，最基本的形式，也要具备礼仪，学习的人的基本态度要端正，这是受教者对老师必须具备的礼节。

公都子曰："滕更之在门也，若在所礼，而不答，何也？"孟子曰："挟贵而问，挟贤而问，挟长而问，挟有勋劳而问，挟故而问，皆所不答也。滕更有二焉。"（《孟子·尽心上》43）

关于教学，孟子有如下的教诲。

孟子曰："教亦多术矣，予不屑之教诲也者，是亦教诲之而已矣。"（《孟子·告子下》16）

孟子所说的深刻含义是，当学习者的态度存在问题时，不屑于教他，让他退回去反省自己的问题，这本身也是教育方式的一种。求学的人应具备基本的礼仪，更应该有积极向老师学习的态度。

子曰:“吾与回言终日,不违,如愚。退而省其私,亦足以发,回也不愚。”(《论语·为政》9)

我们可以窥见大师孔子对其弟子颜回的教导,但这并不是说大师与弟子之间的对话方式在任何情况下都是正确的。孔子从未教授过什么错误的知识,而颜回也是个能举一反三的聪明人。普通人则需要采取积极的态度向老师反复提问的学习方式。态度端正的学习者的基本态度是,倾听老师的讲课,正确的就接受,加以收容。退而反省自己的态度(退而省其私),深思熟虑老师的教诲,在实践中加以发展和扩充(亦足而发)。曾子每天多次自我反省,正是表现出了一个学习者复习功课的典型。

孔子认为“学”就是复习、“习”就是实践。《论语》的首篇“学而时习之,不亦说乎?”开宗明义地说明了全书的主题。学习是从模仿老师或前辈开始的,但只知老师的教导和书籍上的内容是不够的。为了使其成为自己的东西,需要不断地复习和实践,最后成为自己的新东西。只满足于理解妈妈的飞翔知识和技术的雏鸟是飞不起来的。只有为了飞翔不断努力、反复练习的雏鸟才有可能飞翔。

学生对讲课的反应分为五种:一,目瞪口呆地听的人;二,虽然看着讲课者,但是不知道他到底有没有听懂;三,时不时插嘴或笑嘻嘻的人;四,听懂了十之一二,就拿出全都听懂的架势的人;五,从一开始就精神溜号,或东张西望,或傲里傲气的人。

第一种人目瞪口呆地吞噬讲师讲的话,是被讲师的话所压倒,没有自己判断的人。第二种人盯看讲师,是将讲课内容一点一点反刍,印在自己脑子里。第三种人时不时插嘴或笑嘻嘻的人,是想说“你的话我早就知道”,于是做出那样的表情。第四种人因将自己封闭在一知半解的斗室里，没什么发展前途。第五种则是没有受教育价值的人，也就是不可能通过学习改变自己，不可救药的人。

这五种人中讲师最喜欢的是第二种人，因为这种人会在讲义结束后单独给老师提出问题。讲师汗流浃背地讲的课，即使在做出全听懂之表情的人中间，真正完全懂的几乎没有。因为即使夹杂着一些玩笑的话语，大学和专业进修院的讲课内容也并不那么简单。

在我们周围的学习场所，有些人的脸上做出什么都懂的表情。也有些人在会场上会说很多华丽的话，但实际上只罗列修饰语，空话连篇。也有的部下只要上司下命令，立即回答“知道了”。但是真正头脑聪明的部下，会将上级下达的指示反刍，有不太懂的会立刻提问，在真正理解之后，才回答“我知道了”。真正优秀的人会在听取的过程中傻傻地不断提问，这样的人才是真正有发展潜力的人才。

越是无能的职员，对上司的话越不懂装懂。因为在上司那里他本来就没什么好印象，再轻率地提问，怕自己的处境会更糟糕。与其张嘴提问让人觉得傻愣，倒不如闭嘴对己更有利。如此看来，通过现场提问的学习态度，就能看出一个人的可能性。

第 10 章　三种实践，达到最高

所有人都会在日常生活中既评价别人，也受人评价。千难万难，与了解并评价人相比，就没有什么难事了。判断别人的首要目的就是为了树立“看清自己的眼睛”。我们用别人的眼睛才能看得清自己，能看清自己时也会看清别人。能自我反省并付诸实践，才能成为自己的主人。

人物识别法

子曰：“有德者必有言，有言者不必有德。仁者必有勇，勇者不必有仁。”（《论语·宪问》4）

像这样评价他人实非易事，所以会有相面和考试。孟子说过，他只要看人的眼神，就可以判断这个人。善于相面的孟子识别人的办法如下：

“存乎人者，莫良于眸子。……听其言也，观其眸子，人焉廋哉？”（《孟子·离娄上》15）

评价别人，过多地观察会使各种伦理与感情混入其中，反而会做出错误的判断。所以孟子认为，与他人初次见面时，从眼神中就能读到他人隐秘的内心。孟子的人物识别法也许有点抽象，那么孔子的人物识别法则明确得多。

子曰："视其所以，观其所由，察其所安。人焉廋哉？人焉廋哉？"（《论语·为政》10）

孔子的人物识别法分为三个阶段：第一，看其行为的动机；第二，看其行为的方式；第三，看其平时真正的爱好，将心依附在何处。如此才能了解一个人的为人。也就是说，想要了解一个人，要观察他的思想与行动，以及该人的平时习性。孔子如此慎重地判断一个人。

人的行为都有动机，所以观察行为的动机，就可以了解一个人。而观察他展示动机的行为方式，更能了解这个人。再观察他接受行为结果的态度，就可以毫无失误地判断这个人。观察对于什么东西满足到何种程度、是否满足于安逸与享乐、是否安于晋升与富贵、是否为国民与历史而献身等内容，一切都会明了。虽说要重视人们说的话，但并不能只凭言语来评价一个人。先入为主或固定观念会错失真相。

子曰："君子不以言举人，不以人废言。"（《论语·卫灵公》23）

孔子评价人的方式有三个阶段，从"视"的阶段到"观"的阶段，再到"察"的阶段。孔子对任何事物从不含糊。只大致看外部轮廓的叫"见"，如"注视"、"直视"中的"视"是将眼睛定在某处看。如果"视"是以特定要素的中心为观察对象，那么"观"是以其中心为焦点向四面八方逐个察看。如果"视"是用肉眼观察事物的外形，那么"观"不仅要观察事物的外形，还要深入其中，不仅用肉眼，还要打开"心眼"，深入其心中。那么"察"是什么呢？察是将外形与内部属性一节一节地加以分析着看。所以"察"需要兼备肉眼、心眼以及科学分析能力。

识别人的方法因职业与立场不同而不同。与评品君子的道义与德行的孔孟相反,诸葛孔明因处在生死攸关的残酷的战争中,其识别人的方式彻底到令人生畏的程度。诸葛孔明用七种方法识别人。①

第一,令人判断一件事的善恶,并观察他的立意之处。

第二,使其一时语塞,并观察他态度如何变化。

第三,让人提出计谋,并观察他的知识水平。

第四,令人应对危急事件,并观察他的勇气。

第五,令人喝醉酒,并观察他的本性。②

第六,以利诱惑,并观察他的清廉程度。

第七,令人做事情,查看是否按令行事,并观察其可信程度。

即使是天纵之才的诸葛孔明,也为了识别一个部下,投入了很多时间。评价别人对于诸葛孔明来说也是一项难题。

为看自己看别人

比看清他人更难的是看清自己,所以说"能看清他人的人是智慧的人,看清自己的人是聪明的人"。人们总是将自己置身于宇宙的中心,通过自己涂抹的彩色镜片观察自己。于是,为了能看清自己的真面貌,就要借助于他人的眼睛。用他人的眼睛看自己,才可看到客观的自己。当自己可以看清自己时,也拥有了可以看清他人的眼睛。

如今政府部门的行政考察属于日常工作,海外考察也屡见不鲜。

---

① [日]守屋洋:『諸葛孔明の兵法』,德間書店 1977。

② 依伊藤肇原注,仅酗酒一条即可断定为无担任领导的资格。[日]伊藤肇:『人間的魅力の研究』,日經ビジネス人文庫 2000,第 228—230 页。

我们花费很多经费进行海外考察,就是为了获得可以看清自己的眼睛。国外成功的事例、失败的事例本身并不重要,重要的是我们通过这些事例养成看得到现实和未来的眼睛。所以我们在国外现场学习的重点并非是到目前为止他们所经历的事例,重要的是通过他们成功与错误的线索想象我们的未来。我们研究先行者,最终目的是为了看清自己。

看一个人、评价一个人很难,看一个地区、评价一个地区也不容易。在现场考察中无论看到多么了不起的设施,如果只看到其外表就等于没看。好比评价一个人时,单凭他所穿的衣服,不能进行完整的评价。在现场查看设施的时候,若未曾接触制造该设施的人的内心,等于没有看到该设施的本质,因为看不见的东西是由看得见的东西决定的。

有受感动之思想准备的人才能受感动。同样,有了用心灵倾听现场的声音、用心灵观察现场问题的准备,才能真正看得见,心灵也能亲临其境。现场考察时,首先要反问自己想看什么,和为什么想看,而对于自己想要看的主题,自己以怎样的态度去对待的、其实际情况又怎样等,自己应该会作出评价。

我们平时常用考察这个术语,考察是非同小可的大事。考察国外的城市,是指确定一个主题,以这个主题为中心,深入分析这个城市。但韩国的公务员或地方议会的议员在考察外国城市的时候,几乎没有进行细致入微的分析后归国,所以对海外考察的批评很多。出发之前美其名曰“考察”,但到了当地以后,其行为充其量只是“见”而已。

对他国文化进行考察的代表人物可举法国贵族托克维尔(Alexis de Tocqueville)为例。26 岁的年轻托克维尔为了考察美国的监狱制度，于1831年5月9日来到了美国罗德岛州的纽波特。通过历时7个月的旅行，他对当时的新兴国——美国的民主，特别是新英格兰的民主格外倾心，对当地民主现场进行了周密的考察。目前大多数高校所使用的民主教材——《美国的民主》这一不朽名著就是这样问世的。

托克维尔访问美国后，放弃了贵族主义，宣称民主时代是大势所趋。170年前不过以短短7个月的考察与访问为基础而著成的《美国的民主》，其中对民主不只做赞美，还对民主危机提出了警告，说："对民主的原动力——平等的渴望，可能会导致无秩序和奴隶状态。"

托克维尔仅用短短7个月的视察就看清美国的光荣与局限的全部，的确令人难以置信。他向我们证明，带着强烈的问题意识、出众的智力、卓越的视角去观察，所看到的一个现象，可以超越时间的障碍，可以深入到现象内部而看到本质。我们可以想象，若是与托克维尔同时代的法国的某位大少爷访美归来，即使他留美的时间延长10倍至7年，又能看出些什么呢？

看社会的内部

人们看自己想看的事物，而且准备看多少就看多少。所以看一个人所看到的事物，就可以了解这个人。发达国家的感人故事、人之美本身就是人类的文化遗产。在旅游盛地看人类的文化遗产，还是看丑陋的东西？这由当事人的内心决定。若托克维尔现在来到韩国，那么他会看到什么，又会写出什么样的游记？

目前我们的社会正以难以想象的速度激变。大部分人像被过于快速变化的时代节奏所戏弄，因不知如何自立坐卧不安起来。如今许多人将自己的身份体现在消费和物质上。就像那些虽然参拜神像却又不知神像有何意义、只是因为神像而参拜的人，被外形与形式所羁束的人很多。

为了戏弄他人而丢掉道德、玩弄金钱而失去意志的人也不在少数。相对于"为什么活、怎样活"，人们更多的是在想"成为什么"。只重视争位置，却把坐在那个位置该做什么抛在脑后。人们总是有这样一种极端想法，即认为在成为什么的过程中，任何成为绊脚石的东西都是没有存在价值的。许多人工作在后，获取在前，比悔过自己，更专心于攻击别人的缺点。利用别人的羞耻之事和弱点为自己寻找出路，也被视为智慧的战略。比起自己站稳和前进，更期待别人跌倒和走歪。如果我们身边有这种人存在，应该如何救助他们？答案很简单，那就是不要先救助别人，而要先救助自己。

子曰："攻其恶，无攻人之恶，非修慝与？"（《论语·颜渊》21）

人不能连自己是什么模样都不清楚，还埋怨别人的缺陷。暗中用相机偷拍并曝光他人隐私、断章取义地曲解他人本意、说了冒失的话也称自己太天真的人不在少数。越处于这种情况，越要恢复反省力，以紧抱处于分裂危机的自己。只有那样才可以不断提高自己的修养，净化内在的气质，整饬内心，努力成为一个可以辨识迷惑的人。

子贡曰："君子亦有恶乎？"子曰："有恶：恶称人之恶者，恶居下流而讪上者，恶勇而无礼者，恶果敢而窒者。"曰："赐也亦有恶乎？""恶徼以为知者，恶不孙以为勇者，恶讦以为直者。"（《论语·阳货》24）

我们应该自我反省：是否经常触及他人痛处，却错以为这是正确的做法，就像将绳子搓得太紧，眼看就要拧断一样，不给人以回旋余地?(好直不好学,其蔽也绞。《论语·阳货》8)是否因性急而做事不分先后,违反了礼数却以为这是勇猛的行为?(好勇不好学,其蔽也乱。《论语·阳货》8)是否高傲而突兀,却错以为这是坚强而有个性的表现?(好刚不好学,其蔽也狂。《论语·阳货》8)是否为了满足私心而不顾任何道理,贪婪好胜,却错以为这是刚直的表现?

所谓刚直,不是战胜别人,而是战胜自己。所以,刚直的人可以顺从天理,无论遭遇怎样的难关都会以平常心去面对。在当今社会里,比起正直、刚直、有勇气的人来讲更多的是苛刻、无理、傲慢的人。为什么会是这样?在被拜物所支配的上一个世纪,没能培养出拥有广阔襟怀的市民,在相应的职位上没有相应的领导者。特别是应当成为众人典范的领导者也无一例外地犯有无礼之举,而又把它们错以为勇猛的行为。这样一来,这种弊端只会是越来越大。

成就最高的三种反省

子曰:"躬自厚而薄责于人,则远怨矣。"(《论语·卫灵公》15)

孟子曰:"言人之不善,当如后患何?"(《孟子·离娄下》9)

我们应该自我反省:是否连自己都勉强应付,却专门诽谤别人?是否都没当面提醒过,只在背后乱说上司或同事的过失?是否因为好勇而无礼过?是否不懂人情世故而鲁莽行动过?是否盗用过别人的智慧?是否以为顶撞长辈是一种勇气而蛮横过?是否在背地里搞小动作,还口口声声称这是为了真实、自欺欺人过?

孔子的弟子曾子每天共三次进行三个方面的自我反省。

曾子曰:"吾日三省吾身:为人谋而不忠乎?与朋友交而不信乎?

传不习乎？”(《论语·学而》4)

像曾子一样每天如此自问三次，我们会收获什么呢？如果这样做的话，就会成就最优秀的自我。不仅是个人，组织也是如此。左右组织经营效率的基本因素可以归纳为三点：

第一，成员的贡献意愿。第二，成员之间相互形成横向合作意向。第三，各成员对组织的认知，以及对自己该做什么的认识。这三点都很重要，其中第三点尤为重要。如此看来，曾子每天做的三种反省，也是当今组织成员应该做的反省。

第一，是否忠实的为组织与客户做事。(为人谋而不忠乎？《论语·学而》4)这里的“忠”字是把“心”放在“中”间的意思，即“忠”是指全心全意做事的态度。所以“是不是忠实地替人办事了”是指当我们身为组织的成员时，要时常反问自己是否是按承诺做事。若违反了承诺，则是“不忠”，不仅对己，对他人也会造成不利，最后将事情搞砸。我们都应该反省，反省是否带着使命感真心对待自己的业务了。

第二，与同事合作时是否失信于他人？(与朋友交而不信乎？《论语·学而》4)我们应反省：与同事一起工作时是否言而有信？说过的话都兑现了？是否忠实履行了自己应尽的义务？是否该协作的自发协作了，提高了组织的管理效率？是否通过横向思维，冲破僵硬的组织之墙，发挥了“网络”的威力？是否加强了合作的基础、“网络”的土壤——信任？

第三，是否充分认识领导和客户要求的任务与指令，并为实行之而尽了全力？(传不习乎？《论语·学而》4)我该做的事与我正在做的事之间是否有差异？是否知道该地区应实现的最高政策目标，并依自己的本职接受过来，落实到行动了？我所履行的小小的实践与领导规定的最高政策目标之间怎样联系起来了呢？自己的“业”是什么，了解“业”的本质，并忠于从“业务”产生的使命感？

无论什么时代，只要反省和实践这三样，就可造就臻境的自己。而且现在正是在日常生活中实践曾子所履行过的自我反省的绝佳时期。

第11章　21世纪的君子之道

在21世纪，我们要在各自的领域成为专家，但绝不能成为专业傻瓜。不能只以为自己的领域重要，成为不能吸收别人优点的"小器"。21世纪的领导者，要像水一样既能包容万物，又能发挥专业能力。

不偏不倚的专家

当今社会正成为专家社会，从事社会性专门职业的人受到尊敬和优待。与通才受优待的产业社会不同，21世纪是专家受优待的职业时代。但从事专业的人如果只通晓自己的专业，不能旁通其他专业，就会有成为"专业傻瓜"之忧。21世纪的领导者不仅要有专业素养，还要有通晓其他领域的能力。

子曰："君子不器。"(《论语·为政》12)

"器"是指盛放特定物品的容器。器皿是按特定的用途制作的，无法用于特定用途之外。如不能应用不能通融，则不能作为他用。"君子不器"是指只满足于一个领域的专家，其用途当然要受限制。有很多专家对自己的专业领域以外不甚了了，也就是"专业傻瓜"。"专业傻瓜”指在自己的专业领域有很深造诣，但缺乏多样常识的人。“专业傻瓜”想把所有的事与自己的专业联系起来。例如，法律方面的专业傻瓜对于所有的事都要站在法律的角度上去考虑，结果缺乏作为人的样子。

那么孔子是让今天的我们不要成为专家吗？答案是否定的！孔子说的“君子不器”有三大深刻含义：一，处在对他人产生影响之位置的人，不能固执于自己的想法和立场。二，不能只强调特定集团的利益，不能沦落为只为特定势力的利益充当御用工具。三，将自己约束在规则中，自行限定用途的人不能成为大器。

目前韩国有很多官僚出身的政治家，其中有很多人从一开始就被固定成“小器”。因为他们的条条框框太多，诸如“这样做有这样的坏处，那种方式也许有那样的不良反应”等，这些都是来自官僚阶层的消极的思想方法。这些人即使成了政治家，被“躲避责难，明哲保身”的思想贯穿，脱离不了官僚阶层的二流地位。相反，只在特定利益集团中工作并受该集团影响而成为政治家的人，只会为该集团的利益献身。这些政治家如同朱熹所说，是特定用途的器皿，无法与其他通融。①

子曰：“君子周而不比，小人比而不周。”（《论语·为政》14）

君子与多种多样的人交往，并吸收他们的优点。因为尊重对方的个性，认可对方的特长，才可与性格不同的人成为朋友，相互联系。像这样走正道的君子，与任何人都能一视同仁地交往，与很多人建立亲密关系。相反，小人只跟与自己利益相通、气味相合的人交朋友，而且

---

① “器者，各适其用而不能相同”。朱熹：《四书章句集注》，中华书局1983年版，第57页。——译者

不会控制自己的利益和感情，与人不能公平交往。君子依原则与道理相合（周），而小人依一时的利益与感情相近（比）。

如今大多数人才被培养成了“器”，其结果是越聪明和脑袋好使的人越成为本位利己主义先锋。这些人只和与自己利益与共的人交往，只用他们之间才听得懂的共同语言说话。所以聪明的人越多，社会纠纷也就越多，得不到和谐。因此，用狭隘的专业偏见或职业观点来看世界的人不能成为领导者，领导者要能跳出自己的专业领域思考。要养成既有专业技能，又可接受他人观点的能力。

水的教导

能够不囿于固定作用或固定形态，在任何情况下都可成为伟大的主人公的，就是水。兵法大家孙子称“兵形象水”，即战场上的军队要形如水。正像水随地形变化而改变自己的形状一样，军队想在战争中取胜，就要随变化不断的敌情虚实，自如地改变自己。如同“水往低处流”，军队在战场上要避开敌方强悍的实的一面，攻击敌方软弱的、虚的一面。

夫兵形象水。水之行避高而趋下，兵之形避实而击虚；水因地而制流，兵因敌而制胜。（《孙子兵法·虚实篇》8）①

不仅是军队，想要拥有成功的人生，所有人都要从水中吸取伟大的教益。所以孔子和孟子都赞扬过水。

徐子曰：“仲尼亟称于水，曰：‘水哉，水哉！’何取于水也？”孟子曰：

---

① 李零：《〈孙子〉十三篇综合研究》，中华书局2006年版，第41页。后同参考此书。——译者

“原泉混混,不舍昼夜。盈科而后进,放乎四海,有本者如是,是之取尔。”(《孟子·离娄下》18)

老子在《道德经》中也说道:“上善若水。水,利万物而不争。”(《道德经》第8章)①

那么我们要向水学习些什么呢?

第一,学习水的柔性。水因其柔软,可以盛进任何容器之中,方才成为容器的主人。盛放的是墨水,则是墨水瓶;盛放的是酒,则是酒瓶。水能成为任何容器的主人,这种能力从何而来?水因为从不标榜自己,也不规定自己的形状,所以无论什么形态都会接受。

第二,学习水的谦虚。水利于万物,但从不为自己邀功请赏。别人都讨厌的地方水也会乐于屈尊。水,避高就低、不断奔流,最终成为广阔地域的主人。江河大海之所以能成为溪流之王,就是因为它们处在低处。水因为谦虚,没有它到达不了的地方。

第三,学习水的等待。看似只会流动的水,在应该停止流动的地方会选择停下脚步。水懂得流动,所以也懂得停止。在流动的过程中遇到洼坑,水会静静地等到填满为止,然后再踏上自己想要走的路。水根据进退之情,懂得等待。(盈科而后进,放乎四海。《孟子·离娄下》18)

第四,学习水的留有余地。天下万物看似没有再比水更加柔和、更加软弱的了,但水却可以穿石。可是流动的水遇到岩石则绕行,虽然拥有穿石的力量,但不去凿穿而留有余地。人们都想通过最短的捷径到达目的地,但有时迂回行进反而更快。眼下似乎亏了,但走完后回头看,会发现迂回进行反而更快的情况很多。

---

① 参考黄元吉:《道德经注释》,中华书局2010年版,第33页。——译者

第五，学习水的新。活水长流，永不停顿。流动的水无论何时都是新的，看似相同，但今天的水不是昨天的水。水是一如既往的，其新也是一如既往的。所以如果像水一样活着，活着的一切都是崭新的。我们要像水一样，让今天的我总是成为新我。

君子是像水一样对待自己所处环境的人。21 世纪的君子，是指像水一样能盛放在任何容器之中，包容他人的个性并助其生长的人。但目前韩国学校教育的目标只放在培养企业期待的人才上。认为为企业培养其所需之人，在某领域发挥齿轮一样作用的，就是专业教育，并相信这就是最好的教育。若社会由这种人组成，那么这个社会就会变成只站在个人立场上评价事物的小人社会。

善用小人才会成为大人

大人会看人的优点，用其所长；小人却看人的缺点，攻其所短以加害于他。所以，身处只寻人短的小人窝的时候，要放低自己并小心翼翼。当今世界已遍布小人，要想以大人方式活着，就不能中了小人的圈套。但不能为了不中小人的圈套而远离小人。假如开天辟地以来十之七八人都是小人，在这种情况下要适当地活用小人。把握小人的期望与追求，用其所用，尽其所能。

想要不中小人的圈套，就不能与小人一般见识。为此，要给比自己能力低的人以说话的机会，要听取看似无知之人的意见。有才有德要看似无才无德，充实也要像空无而表现出谦虚。要知道吃亏后斤斤计较，发泄不满，多么徒劳无益。这就是曾子说的："以能问于不能，以多问于寡；有若无，实若虚；犯而不校。"(《论语・泰伯》5)

在小人面前说话要特别慎重，嘴是万祸之源。没完没了地说话，既害人又难为自己。即使是经过周密考虑后说出的话，若对方不接受，也会成为祸根。不能按自己想说的顺序说话，要按对方能理解的顺序说。没有人能完全说出自己想说的话。按自己的标准开的玩笑，既害对方也害自己，刺痛别人的话语不是玩笑。万万不可轻率地评价或诽谤别人。对其先人也是一样。

世界上有各种各样的人，即使遇到令人无可奈何的人也不要激动，要以平和的心态、温和的话语对待。只要把自己能做的事都做完了，就当被蚊虫叮咬了一下一样满不在乎才行。只有这种度量才能保护自己。即使对方无理，也不能用自己的表情去映衬对方的无理，吞下愤怒是勇气的基础。我所表示出的忍耐不是为了款待对方，而是为了保护自己。即使对方是坏人，忍耐也绝不会让自己后悔，因为用感情应对不值得较真的人是不妥的。

经过一段时间后发现，有价值的纷争其实并不多，所以应以愉快而舒缓的心情对待。即使面对困难，也要放宽心态，并欣然接受。不能为了看河水而掉进河里，应退一步站在河岸看河水，要为心留有余地。

没有必要为比别人跳舞跳得好而较真，努力比现在的自己跳得好就够了。相信自己，以自己的面貌活着就可以了，这才是唯一的路。就这样淡然地生活吧！重要的是抓住自己的心，成为自己的主人。只有成为自己主人的人，才能正确地对待别人。

孔子说待人要像春秋时期使齐国走向富强的名宰相晏婴那样。晏婴虽不是豪族出身，但成为宰相，辅佐了三位国君。无论是谁，与晏婴交往越久，越愿意跟随他、敬仰他。晏婴交友的秘诀很简单，那就是

“善与人交，久而敬之”（《论语·公冶长》17）。

疾驰于仁道的五德火车

任何组织中，越是无能的人越喜欢褒贬和诋毁他人。所以让人难受的都是无能之人；任何组织中，越是游手好闲的人，越将大部分的多余能量用在保护自己上。该做不做的人有一个共同点，就是总想做不该做的事。不知道自己无能，只以为上司对己待遇不公的部下，总要寻找能与自己同流合污的同事。游手好闲的人聚在一起，为自己不能做事编造名分，然后形成为了生存的抵抗势力，通过这种势力培养存活的自信。

当然，大部分管理者都看透了游手好闲的部下频繁活动，但即使知道，在大部分情况下都对其无暇过问或束手无策。只是想在下一次人事变动时将他们调往其他地方。但若是这样，上下级关系就会变成敌对关系，进而部下忠于上司、贡献于组织、上司培养部下等，便成为毫无意义的空话。

不管在什么社会，越是无能的人越会进行无聊的诽谤，以拉下别人来挽回自己的落后。不做事的人所持有的凝聚力和破坏力，来自他们不做事而空出来的时间。在任何组织当中，都是不做事的人制造舆论、伤风败俗，而他们的能力正是来自他们的空余时间。但是，为了不中小人的圈套而迎合小人，渐渐地自己也会变成小人；用小人的方式应对小人，不知不觉中自己也会变成小人。

孟子曰：“枉己者，未有能直人者也。”（《孟子·滕文公下》1）

要想引导别人走上正路，领导者首先要修正自己。领导者不能迎合世俗，而是要走自己的仁道，为大义而勇往直前。走真正的仁道无论何时何地都要实践“恭、宽、信、敏、惠”等五德。

“恭”是支撑自己之德，时刻明确自己处于他人之上的人之德，领导者保持谦虚恭谨才不会受部下的侮辱。“宽”是上位人之德，领导者以宽待之，则部下就会追随。“信”是与人交往之德，只要守信和言行一致，部下会信任他。“敏”是处理事务之德，处理事务敏捷，会取得成果。“惠”是爱之德，上位之人慈爱，部下会被慈爱所感动，追随他，乐于为他所驱使。

子曰：“恭则不侮，宽则得众，信则人任焉，敏则有功，惠则足以使人。”(《论语·阳货》6)

要想赢得人心，就要以“忍之勇气”来武装自己。“忍之勇气”是指“忍耐并宽恕，懂得等待的勇气”。忍耐并宽恕，懂得等待的人才能成为自己的主人，才能成为世界的领导者。21世纪的君子，尽管会为小人的陷阱和既得利益者的岩石所阻挡，也要以五德作为车轮行驶在仁道上。

第三编 用社会力量治理

第12章 CEO是耕耘体系的人

在很多人分工合作的组织里，上级依靠部下，部下依存于上级。如同指挥者、演奏者以及观众调和成和音一样，组织的运营就像是一场交响乐，组织中的每位成员都有属于自己的任务。领导起领导的作用，部下也起部下的作用。

统筹应对

春秋时期有一位名叫子产的人在郑国负责政务。一个寒冷的冬天，子产看见百姓们赤脚过河，心生怜悯，于是他让人们乘坐自己的车涉过溱水与洧水。但孟子却这样批评了他。

孟子曰："惠而不知为政。岁十一月徒杠成，十二月舆梁成，民未病涉也。君子平其政，行辟人可也。焉得人人而济之？故为政者，每人而悦之，日亦不足矣。"（《孟子·离娄下》2）

孟子这样说，但孔子听到子产去世的讣告后痛哭流涕。

子谓子产："有君子之道四焉：其行己也恭，其事上也敬，其养民也惠，其使民也义。"（《论语·公冶长》16）

但这不仅仅是对郑国著名宰相的批评。无论是多么有名的宰相，亲自去解决问题都会有根本上的局限。领导者不能禁锢在个别民怨或细枝末节的事情上，应致力于主要的事情，而且领导者的任务是要通过体系来完成的。

连孔子都敬佩的子产，孟子竟然批评他吗？问题并非如此，孟子的意思是，首席执行官（CEO）想要尽其责任，应通过统筹安排来解决。

目前韩国CEO中有不少人将本职业务撇在一边，埋头于细枝末节的事务。不去把握环境的变化以构思出新的政策，而是直接为繁琐的信访奔波彷徨。部长发挥科长的作用，诸事皆管的市长、郡守也很多。事无巨细都要亲自处理，结果只能感到身心俱疲，只是瞎忙而不能成事，更不会有接受新信息和学习的机会。

如果领导者不做领导者的事，则部下也不做部下的工作。部下起不到部下的作用，领导也履行不了领导的职责。若组织陷入到这种状况之中，CEO进行大的构思，耕耘新可能性的余地就会相应地减少。直接干部下工作的CEO说，因部下的水平低下，自己再累再乏，除此之外别无选择。但从多数情况看原因有三：一是因为老板没能在大的框架下统筹安排好体系，二是因为只有自己亲自去做才放心的执着与不信任，三是老板度量狭隘、只相信自己。

老板过于自负，不能接受部下的优点，组织的力量只能萎缩。在这样的组织里只会是CEO一个人干，一个人忙。领导的作用不只是说说而已，他的资历与能力通过有能力的部下加以扩大和延续。领导的梦想是把功夫与力气用于系统动力而实现的，而且这种功力依据有体系的分工扩大和再生，升华为实践的力量。

放权的度量

组织是持有一定实行目的人的集合。CEO 应合理运营人的集合,将自己带领的组织领导得有文化品味。但在一个组织当中,最高责任人可直接做的事是极其有限的,所以最高经营者要任用可以实现自己哲学并能扩大再生产的管理者,并完成他们各自所承担的任务,通过统筹安排,分摊作用。

有体系的统筹分摊是指放权给部下。放权是一种管理方法,以上司与部下之间的信任关系为基础,根据部下的才识授予一定的权力和任务并赋予动机的原理方法。比起力拔山兮的项羽,刘邦无论是在出身背景上,还是在个人能力上都差一大截,但汉高祖刘邦还是赢了项羽,其中的秘诀就是放权。刘邦懂得统筹安排,还有放权的度量。刘邦建汉后在贺宴上这样说:

"吾所以有天下者何?项氏之所以失天下者何?""夫运筹帷幄之中,决胜千里之外,吾不如子房;填国家,抚百姓,给饷馈,不绝粮道,吾不如萧何;连百万之众,战必胜,攻必取,吾不如韩信。三者皆人杰,吾能用之,此吾所以取天下者也。"(《汉书·高帝纪第一下》)①

再让我们看看刘邦与其部下韩信之间的如下对话。

上问曰:"如我能将几何?"信曰:"陛下不过能将十万。"上曰:"于君如何?"曰:"臣多多而益善耳。"上笑曰:"多多益善,何为为我禽?"信曰:"陛下不能将兵,而善将将,此乃信之所以为陛下禽也。且陛下所

① 班固:《汉书·高帝纪第一下》,中华书局 2000 年版,第 42 页。——译者

谓天授，非人力也。”（《史记·淮阴侯列传》）[①]

所谓“将将”（指挥将领），指知人才能，用其所用。但无论发掘了多么优秀的人才，若不赋予他们适当的权力，则没什么用处。问题是授权并不像说得那么简单。授权为什么会这么困难？理由如下。[②]

障碍一：不信任员工

作为一位管理者，很多时候您会装出一副很信任部属的样子。然而，很多事实证明您放心不下。在具体的工作中，您没法不去过问您的部属是如何开展工作的，甚至把一些关键的环节留给自己亲自操作。您在自己的心里打了个很大的问号，您的部属会像你一样尽职尽责吗？

也许，有些员工的工作绩效总是不能做得像你预期的那样好。然而，一味地批评抱怨又有什么用呢？如果您怀疑员工的工作能力，您应该问问自己，有没有对他们进行必要的培训或给他们锻炼的机会？事实就是这样简单，通过您的信任、鼓励和培养，您的部属终将会成长为一个真正值得您信赖的人。

障碍二：害怕失去对任务的控制

很多管理者之所以对授权特别敏感，是因为害怕失去对任务的控制。一旦失控，后果很可能就无法预料了。那么，可不可以通过合适的手段避免任务失控呢？只要您能够保持沟通与协调的顺畅，强化信息流通的效率与效果。同时，在安排任务的时候，您应该尽可能地把问题、目标、资源等，向部属交

---

① 司马迁：《史记·淮阴侯列传》，中华书局 2000 年版，第 2037 页。——译者

② 成君忆：《水煮三国》，中信出版社 2003 年版，第 81—85 页。——译者

代清楚，也有助于避免任务失控。

另外，管理者和员工也很容易在解决问题的方法上产生分歧。由于您相信自己的经验，您甚至会强迫部属执行您的意见，致使部属不愿意对任务负责。问题的关键不是方法，而是结果。一些具体的处理细节，您完全可以授权给自己的部属来全权处理。也许，在此过程中，您的下属能够创造出比您的经验更科学、更出色的解决办法呢！

障碍三：过高强调自己在组织中的重要性

由于您很能干，在很多时候您会产生“什么事情离了我不行”的错觉。是的，也许您能够成功地完成许多任务，但您得像孙悟空一样分身有术才行。其实，你的下属就是你手里拥有的最大的财富，在具体的业务内容和常规工作程序方面，他们中的一些人甚至具有比你还要丰富的经验，这么好的资源，你为什么不去好好利用呢？

障碍四：以为自己可以做得比别人好

有些管理者宁可自己做得那么辛苦，也不愿意把工作分配给部下。为什么呢？他们认为，教会部下怎么做，得花上好几个小时；自己做的话，不到半小时就做好了——有那个闲工夫教他们，还不如自己做更爽快些。然而，也许今天您要耽误几个小时来教他们干活，但以后他们会为您节省几十、几百个小时，让您有空做更多的更深入的思考，以促成您在事业上的更大发展。

障碍五：害怕削弱自己在组织中的地位

许多管理者认为，如果把自己的权力授予别人的话，会不会因此影响自己对于组织的重要性，从而削弱自己在组织中的地位呢？答案显然是否定的。如果您能够让您的部下更加积极、主动地处理问题，您将得到一个更有效率的工作团队，并且能够把精力集中在那些值得您全心投入的事情上。

障碍六：喜欢与部下争功

作为一名管理者，您在很多时候需要扮演“幕后支持者和策划者”的角色，您将很少有机会像从前一样，站在前台接受观众的欢呼。曾经有一位业务员，非常能干，推销能力很强，曾经在公司连续四年被评为“金牌销售员”。后来，他当了区域销售经理，走上了管理岗位。很快，他与部属之间的冲突也随之而起。为了蝉联“金牌销售员”的荣誉称号，他不仅无法积极地向部属提供帮助，反而抢他们的单。于是，他的员工们只好纷纷离开了他，另寻出路。喜欢与部下争功的管理者，等待他的将是众叛亲离的悲惨结局。

障碍七：认为授权会降低灵活性

对于一件事而言，事必躬亲确实有利于掌握处理问题的灵活性。可是，对于日理万机的总经理而言，毕竟不可能在同一时间做好几件事情。如果强迫自己面面俱到，就很有些勉为其难了。然而，通过授权把具体的工作分派出去，让自己从一个更高的层面来统率全局，思路往往会更加灵活，同时也有更多的时间和精力来处理那些棘手的问题和突发性的事件。

障碍八：害怕影响员工的正常工作

也许您会认为，员工们连现有的工作都做不好，怎么可能承担更大的责任呢？乍一听起来，您似乎是位体恤下情的好领导，但不会有人感激您。俗话说："强将手下无弱兵。"在自然界，老鹰会把自己的孩子逼向悬崖，以迫使胆怯的雏鹰学会飞行。您也应该问问自己，是不是由于您的这种"体恤"，让公司养了一群永远也张不开翅膀的雏鹰？

很多优秀员工的流失不是因为您的"体恤"，而是因为没有足够的施展才能的机会。他们和您一样，渴望接受挑战、面对挑战、战胜挑战、获得成功——但是，如果你不授权的话，他们怎么有机会实现理想呢？

障碍九：他们不了解公司的发展规划

他们为什么不了解公司的发展规划呢？因为您没有告诉他们，更谈不上去赢得他们的深刻认同。有一些管理者，出于某种可笑的目的，故意把信息管理搞得神神秘秘，以致无法在公司内实现正常的信息传递与分享，甚至连一些重要的信息都不告诉自己的员工。事实上这些信息对于员工们顺利展开工作十分重要。

如果您的员工无法分享公司的发展规划，他们怎么会关心公司的未来呢？公司的发展远景有赖于所有人的努力，特别是那些在其工作领域内堪称专家的员工，更是能为公司实现远景目标铺就道路。您怎么能够把他们和公司的远景规划分开呢？

培养人才的度量

孔子的弟子仲弓做了鲁国权臣的管家，问如何履行自己的职责，

怎样管理部下。孔子回答道："先有司，赦小过，举贤才。"（《论语·子路》2）

详细的说明如下：

第一，重视组织成员各自的职权，制度上明确分享权力与分担责任。不能因为自己是上级，就以为所有权力都属于我，所有的事都要由我亲自参与。应明确区分各自的责任。再明智和勤勉的宰相也不能用自己的车将全国的百姓都运送到河对岸，CEO 自己能做的事非常有限。所以，上级掌管所有事情，不授权于部下，或部下不想承担自己的职责，这样的组织就已经失去了发展的可能性。

第二，领导要用大度统率部下，要有能包涵过失的雅量。在组织当中上司不仅是管理负责人，还要扮演老师的角色。好老师不是用指责，而是用感化让学生改正自己的错误。为感化部下，要用麦克风表扬，在背后批评。若领导期待部下的业绩，则部下期待领导的关怀。部下偶尔犯有错误，领导应大度地再给一次机会。因领导命令上的失误而导致部下错误，决不把责任转嫁给部下，因为部下愿意跟从掩盖其过失的领导。上司掩盖部下的过失到何种程度呢？可以说大人物可以掩盖多些，小人物可以掩盖少些。

历史上不以过失而以才能看人的代表性人物就是三国时期魏国的领导曹操。在一统天下的决定性战役官渡之战中，名门出身的袁绍败给了宦官的养子曹操。在官渡之战中，曹操击溃了军备充实、占有先机、兵力五倍于他的袁绍。曹操处理战利品的过程中，发现曹操阵营的一些谋士与将帅向袁绍投降的密信。曹操的亲信建议曹操杀掉那些士大夫和知识分子，但曹操却命令道："放过他们吧，他们当时不知道我能战胜袁绍。当然，在战乱中脚踩两只船是人之常情，我也有意志不坚定的时候呢。所以用不着刻意点清他们的罪名了。”曹操没有拆封那些密信，而是将它们全部烧掉，不再提及此事。当时的曹操切实感到了人才（士大夫和知识分子）的必要性，如果不这样做，就维持不了上下关系。①

第三，CEO 要发掘人才，任用人才。领导的任务中最重要的是任用和培养人才，发现人才、获得人才的能力来自领导的度量。

孔子对曰：“举直错诸枉，则民服；举枉错诸直，则民不服。”（《论语·为政》19）

这里的“直”不单消极地指“超然于贪污腐败”的意思，还包含“在必要的位置安置必要的人”的意思。

成功的王朝或企业里都有人才聚集。中国西汉末有一位名叫刘向的人，在他所撰写的《说苑》一书中这样写道：“赵简子游于西河而乐之，叹曰：‘安得贤士与处焉？’舟人古乘跪而对曰：‘夫珠玉无足，去此数千里，而所以能来者，人好之也。今士有足，而不来者，此是吾君不好乎？’”②这段话强调了“想要善用人才，就要爱惜人才”这一道理。

《三国志》就像是 CEO 与人才出演的电视剧，也像提醒重视人才的一份报告。刘备为接纳 27 岁的诸葛亮与部下一起三顾茅庐。刘备的成功始于招纳了诸葛孔明，失去诸葛孔明之后，蜀国也就落下了帷幕。曹操最终能成为最高的领导，也是因为他拥有善于发现人才的能力。曹操满足俘虏关羽的任何要求，并为将关羽收编为自己部下而切齿拊心的场面也是《三国志》当中的名篇。

---

① [日]堀敏一：『曹操』，刀水書房 2001。

② 전병욱 (全炳煜) (譯)：「마오쩌뚱 —— 孫子에게길을묻다」，홍익출판사 2004，原著为[日]野慶裕、張暉：『孫子兵法：毛澤東智源』，新潮社 2003。

曹操以才能评价一个人。即使有不孝不忠的缺点，即使是黄巾“贼”或其他“草寇”，甚至是诽谤或想要杀曹操的人，只要他有可用之处，也因其特性与才能让他们发挥自己的才能。就像是将野马驯化成名马一样，曹操通过鉴别人的潜力，通过适当的管理来造就人才。结果只要纳入曹操麾下的人，都可发挥出自己的才能。

树立原则和负责任的度量

CEO是决策者和负责人。所以，CEO最不好的行为是做出彼此矛盾的决定，其次是在必要时不做出决定。如果领导说出不合理的话，会使部下分裂。发生成员分裂、组织龟裂征兆后，首先要从领导者身上查找原因。如果上级的意向模糊不清，部下就会以动摇或沉默来维持体面，因为他担心，无论说什么都会因此失去信任。我们身边有领导说：“不用我说，大家都会明白我在想什么。”但如果上级不说清楚，部下就会站在各自的情况和立场理解和做文章。话说的不清就会按理解做事。

领导的形象好比是一顶帽子，有其作用，但感觉不到它的重量。帽子把它的作用发挥得淋漓尽致，但却感觉不到它的重量。感觉不到领导重量的组织并不多。不加以教化，不人为地去治理，部下也能达到自行治理即“无为而治”。只有首先确立原则，统筹管理到家，才可能实现治理。

没有在四季都适合穿着的衣服，同样，适合所有状况的领导很难存在。领导者的作用就是根据他所处环境的变化而变化。即使有原则有系统的安排，如果环境变化是动态的，领导者的作用也应该是动态的。如同暴风袭来，船长的作用则至关重要一样，在激变的环境中领导者的作用决定组织的成败。在激变期，比起惯例与系统，领导的决断与执行力才是决定组织成败的关键。在非常时期飞机的自动航行装置要改为手动航行装置，同样，仅依据事先设定好的程序行事的话，生命则会受到威胁。所以越是处于激变期，领导者越要关注时局的变化，坚持大思考的姿态。

CEO 的智力水平决定组织的"智"的力量。为了应对目前急剧的变化和不确定性的扩大，应该提高组织自身的"智"的力量。拥有"智"的力量的组织，可以能动地应对外界环境的偶然性和不确定性。为了培养组织"智"的力量，首先要培养最高领导的"智"的力量。CEO 要先于他人了解环境的变化并在组织中宣传危机意识。不仅要在战略与方向上，而且还要给出新方法的关键词，打破组织的惰性也很重要。但无论环境如何变化，领导不能丢掉固有的技能，领导要坚持领导的基本原则。领导者要在坚持原则中生存，因坚持原则而欣慰。

子曰："君子易事而难说也。说之不以道，不说也；及其使人也，器之。小人难事而易说也。说之虽不以道，说也；及其使人也，求备焉。"（《论语·子路》25）

庄子与盗跖所说的 CEO 的力量

《庄子》中关于强盗头目盗跖的故事，将今天组织中最高领导所应履行的职责以及他的素质，言简意赅且风趣幽默地表达了出来。有一天盗跖的心腹问跖："盗亦有道乎？"跖曰："何适而无道邪？夫妄意室中之藏，圣也；入先，勇也；出后，义也；知可否，知也；分均，仁也。五者不备，而能成大盗者，天下未之有也。”（《庄子·胠箧》）[①]盗跖认为在任何社会都有原则，强盗也有应该遵守的五种德。即便是强盗团伙，头目也不是谁都可以做的，其头目要具备圣、勇、义、智、仁等五种资质。试将盗跖所说的“五德”附会于当今的组织当中。

第一，慎重设定目标。强盗头目要慎重选择偷哪个仓库。盗贼要猜测仓库中都有什么，慎重选择要偷哪间库屋，这种聪明就是强盗五德中的“圣”。领导所履行的职责中首要的当然是目标的设定。若方向有偏，无论领导多么诚实地做事，也毫无用处。勤勉与诚实只在正确目标下才有意义。

第二，率先承担风险的勇气。强盗头目要有率先越墙入室的勇气。这就是“勇”的体现。为使成员获得向着目标前进的信念信心，领导必须表现出率先担风险的姿态，就像强盗头目率先翻墙一样，领导要成为不惧风险的模范。

第三，负责到最后的义气。强盗头目要有最后撤出偷盗现场的义气，最后出来是负责到底的表现。在将要沉没的船上，船长要最后一个离开，所以在危急时刻领导者要负责到最后，这是领导者应具备的最基本的“义”。部下当然追随有义气的领导，即使放权给部下，其结局还是由领导承担。领导应毫不吝啬地放权，但不能转嫁责任。

第四，把握设定目标的成功与否。头目应具备感知成功与否的能力和智慧，这是“智”的表现。任何组织确定目标及实行过程中要消耗人力和财力，经营者在实施计划前设定预期收入并投入人力和财力。CEO 在实施计划前要列出损益计划书。

第五，按业绩公正分配。强盗头目将获得的财物按功劳公平分配

---

① 郭象注，成玄英疏：《庄子注疏》，中华书局 2011 年版，第 190 页。——译者

给部下，这是"仁"的表现。领导应具备对部下的功劳给予肯定的人情味。根据努力的结果公平分配果实，这种无欲的态度是领导应具备的基本的道德和态度。如果领导者以私欲为先，没有分享的意愿，那么该组织的共有体系就无法扎根。

组织在既没有技术也没有资金的困难时期，也许会团结一致井然有序，但一旦有了声望和金钱就开始发生矛盾，原因何在？原因在于，未能启动正确评价功过的系统。领导者的领导力是指其无欲的境界发射出的灿烂光辉，并有分享的意愿，这样的领导者才会让部下追随。《庄子》中盗跖的故事告诉我们，"善人不得圣人之道不立，跖不得圣人之道不行"。强盗团伙也有与之相应的德，若不能遵守德就不能维持最高的位置。盗跖的警告让人生畏。

组织成员都有自己要追求的梦想与希望，每个人都有自己的情感。领导就是为这些人设定方向，协调他们各自作用的人。领导就是调节师，要引领组织成员将其弱点转变成优点，缺点升华为个性的系统。所以领导就是使用人才、使人才发挥作用的人，是让部下因能做事而做事的人。

第13章　管理者是发挥别人能力的人

有的人有善于使用别人的能力，相反，有的人只有使用自己的能力。运用自己的才能也可以很好地在世界上生存，但只凸显自己的才能，只运用自己能力的人不能成为好的管理者，因为管理者是最大限度运用他人才能的人。

不断使用他人能力的人

人因为工作而幸福，没有比专注于工作更能将人与现实联结起来的了。工作是现实中的一部分，埋头工作意味着在人类社会中确保了自己存在的最小地盘。那么我们应该以怎样的姿态工作呢？

美国人权运动家马丁·路德·金（Martin Luther King，Jr.）牧师说："清洁工的命运就如同米开朗基罗画画、贝多芬演奏音乐，莎士比亚写诗一样，清洁工就要做清洁工该做的清洁工作。所以清洁工做清洁工作要达到这种程度：使天上的神、地上的人都为之停下脚步，去赞颂在这里生活着一位认真履行职责的清洁工。"[①]

---

① Joshua Halberstam，*Work*，New York：Discover 21，Inc.，2000.

能够漂亮地完成一件事，是因为对那件事抱有一种使命感。使命感是能量与智慧的源泉。如果一个人对自己所做的事没有使命感，但还一直去做，那等于虚度人生。使命感是从何产生的呢？使命感不是外界给予，真正的使命感是由自己形成的。自己造就的使命感可以使自己成为自己的老板。但不是所有的事都是靠使命感去做的，成就一件事，还需要借助他人的智慧和合作。只是头脑好使、能力出众的话，未必能有成功的人生。没有与他人共同生活的智慧，只凭自己的力量生活，他的人生注定会很累。

孔子这样评价弟子宓子贱，子谓子贱："君子哉若人！"（《论语·公冶长》3）子贱治理鲁国的单父时，每天弹琴取乐，悠然自在，很少走出公堂，却把单父治理得很好。但前任巫马期治理单父，每天披星戴月地工作，但没有子贱治理得好。

有一天巫马期问子贱："你有什么秘诀，悠然自得就可以把单父治理好？"子贱的回答很简单："我的办法是凭借别人的力量，你是依靠自己的力量。你当然劳苦。"[①]子贱与巫马期不是单纯的管理者，他们相当于今天韩国的市长或郡守级领导，与本章所说的一般管理者地位不同。但从上述谈话的内容，即管理者无论多么认真做事，只凭自己的力量并不能发挥很大的作用这一点上，我们有必要铭记在心。

管理者是为部下高效率地工作而做事的人，但不是说管理者亲自做事就是坏事。但无论管理者拥有多么专业的能力，他可以亲自做的事都是有限的。认为比起给部下布置任务，亲自做更省时更准确，则是不具备管理者素质的人。这种行为也有悖于靠多人合作解决又难又复杂之工作的组织原理。这种人只能用于人，不能用人。

---

① ［日］吉田賢抗：『論語』，明治書院 2004。

亲手处理业务的能力与令他人处理业务的能力是完全不同的。管理者的基本任务是履行一种特殊作用,将自己所管辖的业务分配给部下处理。管理者在掌握自己管辖业务之专业知识的同时,还要兼备管理业务以及管理部属的能力。在任何组织当中,管理者唤起部下的工作积极性,是非常重要的。所以上司相当一部分的时间与能量使用于此。实际上,上司对部下的态度与行为也可能成为创造好业绩的原动力,也可能给部下造成压力。

位置不同,视角不同

子曰:“不在其位,不谋其政。”(《论语·泰伯》14)

孔子的这句话想要告诫我们,某一位置的业务,只能由处在该位置的人负责。没有在某职位上坐过的人,难以判断该职位的业务。因为除了局长和科长没有人了解此项工作,所以才需要有局长或科长的存在。公司强调每一位职工都要站在“公司整体的立场去考虑问题”,然而职工所看到的“只是自己看到的公司”。职工不是为了公司进公司的,而是为了自己才进公司的。不协调职工的需求与想法,就很难确保整体的利益,所以才有管理者和总经理存在。

最近在韩国所谓“PD新闻”[①]正成为一个热点。PD新闻是指电视台的制片人直接到现场采访并亲自进行编辑和报道。一般记者采写的稿件要经过编辑缜密审查和校订才得以报道,但是就如同“PD新闻”一词本身所暗示的一样,在韩国制片人直接对事件进行采访,不经过编辑的审查而直接进行报道。关于PD新闻的争论可归结为两个

① PD:节目制片人和导演(producer + director)。——译者

问题：一是是否允许编导在现场直接进行采访活动——业务问题；二是可否给现场工作人员以价值判断的权力——权限问题。

但是，这个问题的核心在于，在现场进行的判断与离开现场进一步考虑后所进行的判断之间会有偏差。所以未经编辑审查而挥笔落墨，随时都有自以为是的危险，所以既要认定它的可能性，又要用制度对其进行补充很重要。韩国 PD 新闻是言论民主化的产物。在过去的权威主义时期，固陋而闭塞的编辑堵塞了自由而有先见之明的报道，冲破这种羁绊而诞生的就是 PD 新闻。问题不在于编辑而在于不好的编辑。书桌不合心意就将书桌扔掉，这样就不能学习了。若好的编辑也没有，信口开河也不会有人去负责了。

最近韩国政府就像是清理和搬掉不好的桌子一样，引进了“团队制”，这又成了一个景观。所谓引进团队制，就是清理现有系长、科长、局长、室长、副部长助理等层次众多的阶梯。但是团队制度也有致命的缺陷，没有调节团队间关系的桥梁，难以横向沟通与调节。结果只强调团队的功能，横向联合难以促成，从而破坏了全局的功能。

组织内每个人都有固有的作用，系长是在现场处理一部分事务的行动型负责人。科长是协调部下承担的业务，使业务的内容和方向推进得更合理的功利主义研究者。局长是依据市民的意愿评价政策与方向的效果督察员。最高领导者 CEO 应制定远景，创造人力物力资源。像这样各自的职位都有各自固有的作用。

在我们周围，有的上司对部下说：“各位把你自己当成局长、老板加以判断和行动就可以了。”但如果不是局长却能以局长的水平判断，岂不是说局长可有可无吗？科长只以科长的水平进行判断，站在科长的立场上思考就足够了，因为调整科长的想法是局长存在的原因。但是很多领导却指责部下不能用更广阔的视野处理业务,把自己的责任转嫁给部下。

失败准备症候群

大部分上司认为,部下拿不出业绩或是失败,是因为部下的无能或没有应有的工作态度造成的。认为所有的问题都在部下,责任也理应由部下承担。当然所有问题都在部下的情况也是有的,比如有的部下因为技能不足或是工作态度有问题而提升不了业绩。但部下失败的大部分原因都在于上司,部下的失败更多来自上司管理上的失败。有干部之间互相反目的组织,有好提案也不予采纳的组织,有部下藐视上司命令的组织,有部下刁难上司的组织,有中伤上司、谋害同事的组织,有成员努力也得不到认可的组织。如果组织陷入这些歪风邪气里,其责任就在领导。

2002年美国哈佛大学商学院出版的《制造失败综合症》一书中,让-弗朗索瓦·曼佐尼和让-路易·巴索克斯教授发布了他们的研究成果,称部下的业绩难以提高的相当一部分原因在于上司。根据他们的研究,很多上司在无意中给自己讨厌的部下贴上"无能之人"的黑标签,上司的这种行为最终只能让部下走上失败之路。作者将这一系列的行为一言以蔽之曰"失败准备症候群"。①

失败准备症候群一旦开始,本来有能力的人也会误认为是无能之辈,结果真的成为无能的人了。作者的研究惊奇地发现,大部分管理

① Jean-Francois Manzoni and Jean-Louis Barsoux, *The Set-up-to-Fail Syndrome*, Boston: Harvard Business School Press, 2002.

者至少有一次陷入这种失败准备症候群之中。如果陷入了症候群，本应激励别人做事的人，反而使别人不能做事。上司非但没能激发部下所具备的潜在能力加以活用，反而铲除了部下潜能之萌芽。

上司有责任为部下创造带着自信和使命感工作的环境，与此同时，当既定目标未能达成，就要对其结果负责。向部下移交权力，可以使其自由发挥，但又不能对其掉以轻心。管理者在监督部下的同时，要对监督自己的上司负责。管理者在上司那里受到多少压力，就要给自己的部下施加多少压力。优秀的管理者是能很好地协调这两种压力的人。

问题是那些被称之为上司的人不能分出是善于调节这两者还是不善于调节这两者。据曼佐尼与巴索克斯的研究，大部分管理者只能使一部分部下享受这种均衡，"剩下的部下"则不能享受。上司对"有用"的部下施以均衡的领导技能。给自己所期待的部下下达难以完成的任务，同时给予鼓励和支持。部下因为有了这样的鼓励和支持，就会产生达成目标的士气。

相反，同一位上司，对自己圈定为"丁点儿希望都没有"的部下，只要求业绩而不尊重他们的自主性与个性，也不予关怀。所谓帮助只是干涉，使部下感觉到上司从来都在监视和无视自己，只让他做不能发挥自己能力的事。感到上司并不让我锻炼成长，而是刁难和折腾自己。天长日久，这类部下不仅拿不出业绩，而且一点一点地垮下去，是上司把他们搞垮的。

失败准备症候群开始于上司对部下的不信任。这种症候群观察下来是几种症状的叠加，诸如部下未能达到目标，部下未能守期限，部下在会议中未能发言，部下让顾客失望，部下入职的时候第一印象不好等或具体或抽象的理由。

如果这种症候群的对象是中层管理者，其受害的规模就以集体形式呈现出来。在中层管理者中产生这种症候群的原因也大致相似，如缺乏独自思考与做事的愿望，抵制新的方式或主意，不想共享信息，比起解决对策更强调问题等等。

搞垮部下的过程

无论因为什么理由，上司一旦对部下有了成见，就开始以为他存在着某种缺点，所以在给他下达任务时会详细规定程序，或频频检查其进度。上司对于这种部下的决定事项总想多给予“指点”，认为这些“指点”是为事先防止部下的失败而给予的关怀。当部下认为上司的“指点”是管闲事的时候问题就来了，他认为频繁的管闲事是对自己的不信任。想要抵抗，但知道自己并没有任何正当的理由，所以只选择沉默。结果是部下认为既然不可能按自己的意愿做事，就失去了提高自己能力的愿望。

这样下去，部下渐渐失去自行决断的意愿，甚至认为无论做什么都只会挨骂。他断定上司绝对不会给自己好的评价，所以用不着冒险做事，可以的话最好不要与上司碰面。这样一来，上司也进一步确定自己的想法：“那个人果然无能，我的想法是对的，没有能力了还不想合作的家伙！”

结果上司开始更加频繁地检查部下，而且将重要的业务交给可“信任”的其他部下。同一位管理者，对于一部分人来说是很优秀的上司，而对于另一部人来说却是最差劲的上司，其发生过程就是这样。

组织中一些人因工作疲于奔波，另一些人却悠闲无聊，这样的现象形成的过程也是这样。如此一来，无论是工作的人还是悠闲的人都坐卧不安，“有望”的部下疲惫不堪，打上坏烙印的部下闲得发慌。

当然，任何组织中都有教育也改善不了的人，有对别人无大碍但既无能又没有工作欲望的人，又有不仅无能还会成为同事绊脚石、造成不必要麻烦的人。站在管理者的角度看，这种人应尽早淘汰。这与学校里老师放弃学生不同，放弃无能的人也是正当的经营活动之一。但实际上放弃无能的人并非易事，因为其他组织也不会接受无能的人，所以无论是多么无用的人，在一定时期之内管理者也不得不去管理。

与能否将无能的部下送走无关，所有管理者都要铭记一点：无论是谁一旦被印上“无能之人”的烙印，始终会是“无能之人”，因为他被分类为“无能之人”加以管理。但这里的“无能之人”与“有能之人”并不是依据客观判断的，在这一点上要慎重。

人持有某种观点，并发现了可以佐证自己观点的事件，那么那个事件就会被重点对待，与此同时还会无视或轻视与自己观点相左的人。这样一来自己的观点就像普遍真理一样，可以泰然自若地加以主张。人类的这种属性，在当权人身上表现得尤为明显。当权者有站在自己的角度，用自己的标准审视部下的属性。

如同学校里被老师抛弃的学生、体育场上被教练视为无指望而被迫坐板凳的运动员东山再起很难一样，在职场上被上司抛弃的部下东山再起也很难。在公共场合被侮辱或被藐视的人、被强迫达到不现实的目标的人，他们所受精神压力要比上司想象中的大得多。职场内的这种现象会破坏组织或个人。

即使被划分为“无用之辈”的人，如果上司的原来想法和应对发生了变化，就有很大可能转变成为有用的人。如果配备合适的教练或将他们安排在与他们的能力相应的位置，并相信他们有发展的可能性的话，他们的成绩会提高，进而产生新的希望。所以，重要的是预防感染失败准备症候群。如果已经感染上了失败准备症候群，要尽早认清此症会对组织、自身以及部下造成多么致命的伤害，尽早防止进一步的恶化，并加以治疗。①

从自我管理开始

许多人以为管理能力在组织生活中会自然而然地浸入自己的体内，也有不少人认为在多种职位获取多样的经验，不知不觉间会养成管理能力。以为积累了一定工作经验的人，升职到管理几名下属的职位，应该是不成问题。这是所谓论资排辈主义与通才尊重思想表现的端倪。

通才，感觉上是任何工作都能胜任的人说的具有感情的词，但如果更加仔细地去思考，通才是指没有特定专业技能的人，即业余水平者。在沿袭行政惯例上，通才的管理足以运营。但如今技术革新浪潮加剧，在变幻莫测的环境中，情况就不同了。依靠业余水平之通才的管理不能挖掘组织成员的潜力，不能集结成员的力量。所以管理者应该是“职业经理人”。那么要想成为专业管理者，应怎样培养自己的能力，怎样思考和行动呢？

---

① Jean-Francois Manzoni and Jean-Louis Barsoux, *The Set-up-to-Fail Syndrome*, Boston: Harvard Business School Press, 2002.

第一,管理者应从自我管理开始。自我管理的开始是站在部下的立场以及组织的立场审视自己。部下的业绩上不来,先查看原因是否在自己身上。像这样,管理者在管理部下之前,首先要管理自己的思想与态度,这样做会大大减少管理部下的必要性。部下会敏锐地捕获上司发出的信号,并非只是心腹部下,大部分部下关注着上司的一举一动,并注视上司是怎样对待其他部下的:上司说了什么,没说什么,以及表情如何。上司的存在与自己的意志无关,因此无论何时何地,都要坦诚相待。

但很多管理者都将自己的态度与问题隐藏起来,只对部下指指点点。如果是身教,部下会默默地跟着做;如果是言教,部下也容易以言语相随。如同历史不是对人的直面欢迎而是背后的评价一样,部下要评价和学习的,也不是看到的上司那经过粉饰的"前脸"而是平时的"后脸",因此,管理者应当从关注自己平时的"后脸"开始。

第二,管理者应会进行对话。管理者与部下之间要共享问题意识。共同认识什么是问题,问题的原因源自哪里,共同认识是解决问题的钥匙。管理者要想获得这种钥匙,要进行坦率的对话。管理者中有很多人称自己的想法为提案,并以提案之名发号施令;也有不少人不论前后脉络如何,把自己的主张粘贴上去;也有一些人将那些消化不了的主意一股脑地抛出来。

管理者总想按照自己想说的顺序说话,但管理者和部下都不能按照自己想说的顺序说话,而应该按对方能听懂的顺序说话。要进行让对方能听懂的对话,应用耳朵对话。聋哑人不能说话是因为他的耳朵听不见,所以想要与他人对话,首先要打开对方的耳朵。创造性的对话不是把自己想说的话毫不含糊地传达给对方,而是将对方想听的话有准备地传达给对方。沟通不只是上司说部下听,而是上司了解部下所想,牵引着部下的心走。有道是“部下只需要三天就可以了解上司的心,而上司需要三年才能了解部下的心”。下情上达是件难事,所以管理者要以“用耳朵对话”的态度与部下见面。

第三,管理者要成为培养部下的人。部下以上司的教导作为营养,才得以存在和成长。人只有从上司或部下那里获得刺激与教导,才能成为有教养的谨慎的人。出色的上司肯定部下的潜力,优柔寡断且懒惰的人获得良好指导的话,也有可能成为创造出瞩目业绩的人才。即使部下的成果不尽如人意,但与他们交流情感,部下也会渐渐成长起来。

所以,培养部下要懂得爱惜他们,是要用爱来感化部下工作。任用人才要先学会感化人才。改变他人并使之追随,不决定于理论或逻辑,要用感动使他人产生行动,不是从高权位来感动他人,而是通过用心聆听部下所想,用心观察部下所苦来感化部下。出色的上司并不想教化部下,而是要感化部下,才能使部下发挥出自己的潜力。人不是机器,不能只凭命令使人动起来。高位和职权只能利用人,但不能活用人。真正的经营者不是利用他人的人,而是活用他人及其潜力的人。

让别人为我着迷,首先我要对那个人着迷。曼佐尼与巴索克斯对3000名公司职员的调查显示,受上司喜欢的部下他也喜欢该上司。根据他们的研究,部下给上司喜欢的分数可以显示出上司对于部下所持态度的程度。专业管理者为了培养部下,要显示出作为上司的威严,威严并非指责和发火,而是做出榜样以使部下甘心追随。部下尊重关心自己未来的上司,追随让自己施展潜力并体恤自己的上司。

管理目标，负起责任

第四，管理者要为部下提出目标，唤起他们的积极性，提出解决问题的对策。为此要中肯地评价成果，然后推进业务。不能提出目标，人的能力就难以发挥。即使有能力，没有做事的积极性，也不会出成果。即使出了成果，不予中肯的评价，积极性也不会长久。管理者要成为合理目标的设立者、有效的劝导者、合理的评价者。要成为提醒部下目标，激发部下自发地积极地向目标挑战的上司。

但越是无能的上司，越对部下的失败敏感，越对部下的成功迟钝。越缺乏自信的上司，越不对发挥独创性获得成功的部下给予肯定的评价。还有上司向人们传递这样一种信息，即按照我的命令去做就是好的。管理者担当为部下发挥力量创造氛围的人。对于那些欲望过强、自信满满、轻率从事的部下，要指导他慎重从事。对于那些心软而容易受挫的部下，要给予鼓励，让他自信起来。

第五，管理者要懂得负责。管理者是将部下的有限看作自己的有限，并承担责任的人。承担多少责任，就获得多少尊敬。管理者是处于组织的中间位置的工作者，所以要把自己的上级提出的抽象的基本方针和政策等规划成个别具体的业务，分派给自己的部下执行。然后监督其进度，告一段落后对业绩进行评价，并反映到一个阶段性的计划之中。管理者通过实行这一系列的业务，就自己的管理能力获得上级的评价。

管理者要对上级负责，同时也要对部下负责。部下的目标是达成自己所追求的目标的手段，自身的目标又是上级设定目标的手段。这样看来，管理者在一个领域的业务中要对两个方面负责。对一个领域的业务负责，意味着领导着一批部下。管理者是引领一个集团的领导，是负责的人。既辅佐上级，又对部下负责的管理者，在与上级对话时如果有相抵触的，应努力修改它。如果努力之下得到的仍是按原方案执行的命令的话，就要有将命令认作自己决定的责任感。

作为负责任的领导，管理者给部下适当分权，是非常重要的管理活动。但无论怎样分权，其责任也不能转嫁给部下。即使分权给部下，责任也要由自己承担，这是管理者应具备的基本道德。正因为如此管理者才获得尊敬。

所谓管理，制定进行工作的方法，并加以推进。所谓管理者，指使部下执行赋予其任务的人。管理者在组织中根据其地位与责任不同，分别称作系长、科长、局长等。管理者最少使役几名部下执行任务，为所管业务负责。组织因这些人的和谐而产生力量，特别是使一线员工发挥力量，才是管理者的职责所在。

1808 年败给拿破仑的俄罗斯经过半个世纪的卧薪尝胆，终于击败了法国。这得益于培养出了连长的指挥能力，因为有指挥能力的连长把杂兵训练成为强兵。一线管理者的能力和忠心改变了战局。不仅是俄罗斯的军队，所有组织的活力都来自初级管理者的活跃度。管理者不履行自己的职责，产生的后果实在是太严重了。无能上司的部下出息慢，贡献机会少。相反，与无能的部下一起工作的管理者出人头地的机会也会相应地减少。有毁了部下的管理者，也有毁了管理者的部下。有管理者给部下贴上黑标签的，同样也有部下给管理者贴上黑标签的。

管理者无论多么的贤明，最初的时候也会对无能且无责任心的部下束手无策。这时最明智的做法是,尽可能不与那样的部下共事。在一定时期内,不能把部下的问题一股脑地栽在对自己的上级负责的中层管理者身上。即使是这样,管理者首先要察看部下业绩上不来的原因是否在自己身上。因为管理者就是使部下发挥出自己的能力,挖掘部下的潜力加以活用的人。管理者在责备部下无能之前首先要鞭策自己,这是管理者的义务。

第 14 章　直言有条件，忠告当中庸

人们要根据自己的职责、本分以及位置来采取不同的行动，即使说相同的话，也要依地位与立场采用不同的表达方式与时机。对莫逆之交的朋友或同事的忠告，应与部下对上司的谏言完全不同。不论是人还是组织，远离逆耳之言的一瞬间便会远离真实。逆耳之言依其方法不同，或成为良药，或成为毒药。

直言的条件

人与人之间的关系是通过话语联结的。

子曰："可与言而不与之言，失人；不可与言而与之言，失言。知者不失人，亦不失言。"（《论语·卫灵公》8）

值得同他说话，意味着他是值得信赖的人。对可信赖的人也不敞开心扉的人，会被社会所抛弃。对于可信赖的人，就应给予他合理的待遇，与他共享信息。打开心扉的程度来自互相信赖的程度。与不可信赖的人交谈，其本身也可能成为麻烦，所以说话要根据不同对象区别对待，可加可减，可重可轻。

摸清情况再说话的典型情形就在直言之时，特别是部下对上司谏言时，要抓住机会并慎重选择表达方式。而且重要的是，对上司谏言一定要在取得信任之后再说，如果未取得信任就谏言的话，上司会认为部下在诽谤自己。

子夏曰："信而后谏，未信则以为谤己也。"（《论语·子张》10）

部下取得上司的信任之后再进行谏言，就如同上司要先取得部下的信任才可以使唤部下一样，如果未取得信任就使唤部下，部下会认为上司在难为自己。同样，部下向上级提出建议，要先考虑自己是否取得了上司的信任，而且要根据信任的程度适当提出建议。不能认为接受上司意见就是尊重上司，真正的尊重态度是劝说上司做好的事情。过去的书生只要认为是对的并到了该说话的时候，会不惜生命去谏言，这才是真正地尊重对方。

所以，孟子说："有言责者，不得其言则去。"（《孟子·公孙丑下》5）

如果部下沉默，这都是有原因的。有谏言责任的部下却对上司没提任何建议，其中主要有两种原因：

第一，没有智慧或没有忠心。因为不知道实事求是的策略而不谏言是没有智慧的表现。如果知道而不谏言，一方面是因为性格怯懦，另一方面是因为害怕说了不该说的话而失去信任。很多的沉默都是因为内心考虑自己的利害得失，掂量自己的实际利益而造成的。

第二，尽管想谏言，但上司无意倾听。应该给部下制造提出意见、说明问题的氛围。一个组织若没有制造这种氛围，会自行丧失很多可能性。成员间不能相互表达真实的内心，说明该组织已经病入膏肓、不可救药了。

获得了上级的信任，看准时机谏言，并不是说要察言观色、见风使舵，而是审视上司的立场与氛围忠告，让上司从内心里改变其思想与态度。在谏言之前获取信任，是为了谏言的内容得以实现，让上司给予必要的支援。连上司的信任都没得到，就反对现有政策并提出新的方案，上司会认为这是诽谤。如果是这样，再好的建议也只会起反作用。

组织成员相互之间如果碍于体面，只想不伤害对方的感情，则组织内的问题会瞒而不露。不管别人说什么，只知道唯唯诺诺，叫做附和雷同。盲从上司的想法或盲目接受部下的建议，叫做上下雷同。这样的组织内部没有任何冲突，错以为这便是和谐安定。但这种组织才是游离于现实之外，已经崩溃的组织。

赵光祖的挫折

孟子曰："士未可以言而言，是以言餂之也；可以言而不言，是以不言餂之也，是皆穿逾之类也。"(《孟子·尽心下》31)

话该说时说，不该说时保持沉默，这叫审时度势。不考虑时势，只憧憬大理想，会遭到周围小人的白眼，结果只能受挫。不顾时势与最高领导的包容力，一味追求三代[①]的事业，与众大臣反目，最后使自己和国家走向危局的代表人物，就是朝鲜中宗[②]时期的赵光祖[③]。根据李栗谷的评价，赵光祖天资聪颖，操守坚实，是该说话时一定会说的人。他提出要实现社会安定繁荣、教化盛行的至治政治，中宗因此将

① 三代：中国上古时代尧、舜、禹时代。——译者

② 中宗(1488—1544)：朝鲜第十一代国王，在位期间1506—1544年。——译者

③ 赵光祖(1842—1519)：字孝直、号静菴，谥文正，尊为朝鲜"五贤"之一。朝鲜中宗朝时的学者、文臣。中宗14年力行改革，被守旧派谋害致死。——译者

赵光祖提拔为副提学，并聆听了他的话。

为了协助国王扶直天下，赵光祖倾其所学。他任用节义廉洁的人于朝廷，改革旧的恶习，遵守先哲的规范。习染旧习的众大臣认为这种改革不妥，但由于赵光祖获得了国王的信任和士林的支持，所以没有出现任何反对的声音。

问题是士林出身的幕僚们作风轻率，置现实于度外，开始推进激进的改革，事态直转而下。赵光祖担心过于激进反而会导致失败，意欲渐进式改革。但同僚们开始谴责赵光祖做事过分小心翼翼，这样怎么能引起大的变革。赵光祖谙知改革会失败，于是向中宗上奏请求归隐："臣学识浅薄，但职位过高，恳请殿下赐予臣到偏僻乡下读书深造，待学识进步后再回到朝廷。"可是中宗反而将赵光祖提拔为大司宪，从而担当起执行法律的更重要的职务。取得信任后的赵光祖向国王不断提出超出可接受范围的要求。中宗返政时相当多的人虽然无功但也成为靖国功臣，赵光祖要求削去一部分封号，这使中宗恼羞成怒。借此机会，小人们也对他加以陷害，最后他还是难逃一死。

任命为副提学的李思钧在赴任路上遇见归乡途中的赵光祖，握住他的手叹息道："你连《中庸》都还没有读懂，就想进行尧舜事业吗？《中庸》中没有讲过吗？'愚而好自用，贱而好自专。生乎今之世，反古之道。如此者，灾及其身者也'。你不能免于灾祸是必然的，你正值年轻，要多读书，努力并珍重吧！"①之后众多爱惜赵光祖的人做出了很多努力。如大司宪柳雲为之求情道："请殿下重新任命赵光祖吧，只有这样臣才能继续履行职务。否则就将臣处死，以断了奸人的心愿吧。"在都城掀起了对赵光祖实施救援运动的副提学李思钧、领议政郑光弼

---

① 민족문화추진회（民族文化促进会）편:「石潭日記」，솔1998。

相继被罢免。然而,所有的努力都是徒劳的,最后等待赵光祖的只是以毒药赐死。

经过此事的李栗谷心里悲悯地叹息道:"可惜啊!文正公赵光祖资质贤哲,有经世济民之能。但在未完成志向之前突然被委以重职,向上不能完全纠正君主的缺陷,向下抵御不了旧势力的诽谤。所以本想向国家进献忠诚,但诽谤的嘴已经展开,结果是身败名裂,国家混乱,后世反而以此为警,连他的改革心愿也被认为是不好的。可惜啊!上苍不让他实现理想,为什么还要让他出现在这个世界呢?"①

直言与忠告的三前提

部下对上司谏言,用一般的沟通方式难以获得成功。部下的直言应该是一种在充分把握上司的心意之后,再把自己的意见传达给上司的艰难对话。即使所有条件相同,也会随听话者认识结构不同,得出完全不同的结果,这就是部下与上司的对话。不管拥有多么出众的见识,如果对方没有接纳它的能力,也无济于事。

部下与上司进行对话时,不能成为上司的"头"。部下可成为上司的眼睛、耳朵、腿,但绝不能成为上司的头。成为上司的眼睛、耳朵以及手足,是指替上司收集信息、传递社会变化的好消息、联系优秀的专家等意思。不能成为头脑,是指重要的事不能自行做出决定,因为那是老板的任务;同时也指不能好出头露面,表现自己。

假如与上司或前辈的意见相左,应如何处置?在这种情况下,不必因该说还是不该说而苦恼,而是为了组织要言简意赅地说,但重要

① 민족문화추진회(民族文化促进会)편:「石潭日記」,솔1998。

的是在陈述改进意见时注意以下三点：

第一，自觉检查自己的意见中是否包含私利与私欲。

第二，尊重对方的立场，无论何地都要遵守礼节，随时检查自己的态度。

第三，自己的意见不幸被否决，不能失去平常心，要跳出职位，重新思考自己的过去。经过几天的思考，仍认为自己的想法正确，届时再重新提出自己的意见。

上司有错，部下有责任尽忠指出问题，累劝无效，适可而止。

子游曰："事君数，斯辱矣；朋友数，斯疏矣。"（《论语·里仁》26）

我们说对上司进言应适当，但怎样的程度才算适当呢？栗谷李珥为了说服对什么话都默不作声、毫无反应的宣祖，不分昼夜地给予说教。朋友成浑看罢，对他提出这样的忠告："士应该尽力正确地引导君主，但如果君主不回心转意，则应该尽快退出。连君主的心都得不到，一心只为成事，只能是'所曲折的有八尺，所伸直的却只一尺'（《孟子·滕文公下》1）。那不是你该做的事。"

栗谷答道："你说的真对，但君主的心怎能突然之间转变呢？满腔赤诚地感化君主，希望君主能受到启发，才是正确的态度啊。若尽浅薄的赤诚，只等十天或一个月，不见所期效果而立即退出，这不是臣子该做的事。"①

秘书的谏言与朋友的忠告

让我们看看像秘书那样直接传达上司命令的情况。并不是老板

① 민족문화추진회（民族文化促进会）편：「石潭日記」，솔1998。

的错,但某报纸却辱骂或做出过分的批评。火冒三丈的老板当场表示追究,命令秘书马上电话联系报社。这时秘书该怎样应对呢?这里有四种选择:第一,对命令置之不理;第二,按命令行动;第三,告诉老板要冷静;第四,编造一些理由等待老板冷静下来。

最好的选择是第四种方法,最坏的选择是第三种行动。不要立刻做出令老板不快的回答,等待一段时间,让他自然冷静下来是常识。单刀直入条件反射地应对,必然会导致不好的结果。第三种选择是让火冒三丈的人克制自己,这是对着着火的房子扇风。所以要等待一段时间再去应对。

朋友之间应怎样忠告呢?对此子贡向孔子请教过朋友间的忠之道。

子贡问友。子曰:"忠告而善道之,不可则止,毋自辱焉。"(《论语·颜渊》23)

朋友之间应互相指正对方的错误,成为能使对方走上正道的道友。但若指责过分,反而会失去朋友。即使再好的朋友,如果逼他过急,不但不改,还会犯新的错误。所谓忠告就是既忠诚又真诚的率直之语。但人是以自己为本位思考,根据自己主观理解而活的动物。无论别人怎样真诚劝告,即使明白自己确有错误,仍很难接受别人的忠告。所以给予忠告,引导别人,要根据他的认知结构和状态做出相应的调整。忠告也有中庸之道,也有礼。

子曰:"法语之言,能无从乎?改之为贵。巽与之言,能无说乎?绎之为贵。说而不绎,从而不改,吾未如之何也已矣。"(《论语·子罕》24)

第 15 章　乡人不知乡

民主主义时代的政治被舆论所左右。在民主主义与大众媒体占主导的当今社会，若舆论失去理性，识别不出善恶，社会就会失去正义。但舆论只是片面之词，没有愿景与战略，无人负责，混淆是非。所以，只凭舆论来确定善恶未必是正确的。

好人喜欢才是好人

无论是孔子生活的时代，还是现代，世上的人并非都持有正确的想法，因此，一般来说，不能只相信世人的评判。

子贡问曰："乡人皆好之，何如？"子曰："未可也。""乡人皆恶之，何如？"子曰："未可也。不如乡人之善者好之，其不善者恶之。"（《论语·子路》24）

孔子教导的是，人不可能得到所有人的称赞。这一点与耶稣的教导一样："人都说你们好的时候，你们就有祸了，因为他们的祖宗待假先知也是这样。”①孔子与耶稣尖锐地提示当今既要有理论意识、又要治理地方的基层领导，判断的依据应放在哪里。

大众的评判并不透彻，容易被情感或一时的氛围所支配，因为大众站在过去的延长线上看未来，看新未来的眼睛是不明的。因此，越是想要改革的领导，越会被组织或社会认为是不好的存在，容易被厌恶。我们可以经常看到这种悲惨的现实，越是尝试改革的领导，越要竭尽全力与不好的惯例与恶劣的习气作斗争。从开始时的踌躇满志，到后来受恶习折腾而遭遇挫折或为之感染，结果使自己也成为恶习的一部分。这种悲痛的历史我们见得实在是太多了。

如今，我们身边逼真的假象也实在是太多了。以老好人为处世哲学的人被认为是宽容端正的人。明知那是不正确的，却因为嫌麻烦而麻木不仁下去，不知不觉中认为那种人是好人。这正是孟子所说的：“非之无举也，刺之无刺也；同乎流俗，合乎污世。居之似忠信，行之似廉洁；众皆悦之，自以为是。”（《孟子·尽心下》37）

对社会的新动向不闻不问，只善于讨好“俗人”的领导，只会阻碍地方的真正发展。孔子把这种人称为“乡愿”。② 他认为：“乡愿，德之贼也。”（《论语·阳货》13）他还说：“过我门而不入我室，我不憾焉者，其惟乡原乎！乡原，德之贼也。”（《孟子·尽心下》37）

我们周围有这好那好、万事亨通的好人，而且他还态度端正，明于礼节。看上去像是非常有道德的人，每个紧要关头都需要他，人们都喜欢他，甚至以为到这种程度的人很稀少，结果地方和社会都以绅士

① ［英］马太·亨利：《马太·亨利文集：四福音注释》下册（陈风译），华夏出版社 2012 年版，第 57 页。——译者

② 对于“没有真是非的好好先生”，《论语》称之为“乡愿”，而《孟子》作为“乡原”，皆因古代“原”同“愿”之故。本书中，根据该词的出处不同，分别按其原文引用。——译者

待之。但是真正到了分辨是非善恶的时候，他就会方向不明，态度模棱两可。一定要让他选择方向，只会随权力的变化而附和自己。这种似而非的领导只会蒙住双眼，堵住双耳，看不到也听不到新世界。

危机时代的中庸与乡愿

对于乡愿，一个地方的人并不知道他的伪善，认为他文雅端庄，那么他到任何地方很容易被以为是一个不错的人。那么，孔子千方百计把这种人区分开来的原因是什么呢？应和世态的变化，只求最大公约数的“乡愿”与想要避免极端的“中庸”，他们外形相似，但内在的本质却完全不同。“老好人主义”的乡愿与孔子追求的“中庸”之间到底有怎样的差别？

乡愿指隐藏内心，为了自己的利益一味趋炎附势的人。相当于执政党更替了，却并不考虑执政党的理念如何而一味附和的人。一个富翁乡愿捐了款，这并不意味着他愿意分享财富，而是一种为了宣传自己在做好事的广告行为。他的“中庸”是随情况变化而立即追求新中心而已，真正的“中庸”是避免极端，不是视别人眼色而见风使舵。

事物有阴阳两面，阴与阳之间有一定的距离，如果只看其中的一个方面，则看不到事物的中心。只看阳面就认为是对的，或只看阴面就认为是对的，这种看法不可行。两个方面同时看，才能做出均衡的思考与行动。

子曰：“中庸之为德也，其至矣乎！民鲜之矣。”（《论语·雍也》29）

所以在树立自己的主张前，首先要了解事物的整体，避免钻牛角尖。中庸的态度就是兼顾事物的两个方面，并站在事物本质的中心。

这样看来“乡愿”与“中庸”的本质区别在于是否“自我确立”，以及是“利他动机”还是“利己动机”。

孔子所谓“自我确立”，指运动状态中的确立。孔子认为人是虽不完善，但在失败的同时也会不断向上的存在。因为不完善，所以不可能有完善的状态。为使自己重新确立而努力，才是真正的确立。把自己固定起来，并满足于它是有问题的。这样看来，为确立正确的自己而努力的本身就是“自我确立”。所以孔子说：“过而不改，是谓过矣。”（《论语·卫灵公》30）所以，孔子说人的一生应该不断改正自己的错误，磨练自己，终生学习。

当然，不管是谁，在他的心灵深处，“乡愿”与“中庸”这两个要素都有可能复杂地混在一起，而在区别两者的不断冲突中生活下去，不免是人的软弱之处。袭击人类的危机时代，也许就是这种冲突扩大的时代。可是不管生活在多么危机四伏的时代，我们都应该尊重和追求的唯一不变之道就是“中庸之道”。冲破危机时代的真正力量来源于取得本质中心的努力，即追求中庸之道才能得以实现。

乡人不知乡

孟子曰：“孔子登东山而小鲁，登泰山而小天下。故观于海者难为水，游于圣人之门者难为言。”（《孟子·尽心上》24）

连孔子也是登过东山才知道自己生活的鲁国很小，更何况一生只生活在村子里的普通人，怎能了解村子呢？人们的精神结构基本上都有一定界限，若只固守在一个组织或集体当中，没有接触外界的机会，那么就无法以客观的角度评价自己所处的环境。庄子说过：“朝菌不

知晦朔，蟪蛄不知春秋。”（《庄子·逍遥游》）

我们周围有人说，自己的事自己最了解。我们要注意这样说话的人。意外的是，人们并不那么了解自己，例如很多人不能轻松地回答自己行为的目标是什么、为什么以此为目标。所以每每遇到该判断或决断的时候觉得很难和犹豫不决，而且经常看到自行考虑和决定后造成意外的结果。所以为了了解自己我们要学习，而了解自己的基础是超越自己，即“克己”。但对人来说，最难的就是超越自己。

有些人访问过一些地方，就非常自负地说自己很了解自己的家乡。问他都了解什么时，他回答，看孩子的脸就知道他是哪家的孩子，知道每个家庭的来历以及他们的生活状况。但是，即使知道该地域内的人际关系、年中举行的活动、风俗习惯，也不能说了解这个地域。

子曰：“知之为知之，不知为不知，是知也。”（《论语·为政》17）

知道自己不知道的是什么，就如同苏格拉底所说的“无知的知”，才算是知道。那么怎样才算是了解了自己或了解了一个地域呢？怎样又算是不了解呢？了解地域是指了解地域存在的问题与局限。与别的地域相比，本地处在怎样的水平，领先的是什么，落后的是什么，以及不足的是什么。经过这样的全面了解，才算是真正了解了自己生活的地域。在此基础上才能客观地审视本地域，才能勉强知道为本地域该做什么不该做什么。

满足于现状的人看不到地域的局限，不关心地域未来发展的人，不会为改善地域的问题而投资。领导就是把人们引向希望之未来的人。满足于现状的人、不关心地域未来发展的人不能成为领导，因为他们没有可期待的新的未来。满足于现状的人没有给别人带来希望与喜悦的能量。

在一个地方生活的时间越长,越是自负地认为自己非常了解该地的人,越不了解该地区,原因何在?因为埋没在本地,只盯着本地生活,结果看不到映照本地实体的"镜子"。人们通常倾向于把自己放在宇宙的中心,用有色眼镜看待自己,所以为了看清自己,就要借助别人的眼睛。同样,想要了解本地真面目,就需要跳出本地,以不同于本地的新视角看本地。

乡愿与陷阱

不仅居民如此,公务员也不了解公务员。大部分公务员年轻时进入职场,不知不觉之中浸染于公务员社会的氛围之中,中午、晚上甚至是业余时间都与同事在一起。以公务员的标准审视社会,以公务员的角度评价公务员,结果看不到公职社会的问题所在。所以社会的常识在公务员看来不是常识,公职社会的常识与社会又不相通。这就是无视目的、手段与目的颠倒的缘由所在。这也是无论在哪里,都难以依据成员的舆论正确调控组织的缘由所在。

精力只用在对成员的评价上,组织的革新就只会付诸东流。这种情况在政府组织中体现得尤为明显。不能断然认为大多数职员喜欢的就是善,大多数讨厌的就是恶。有希望的领导者要在善恶并存的组织中获得真正的好职员的支持。被那些悠闲自得、消磨时间的人厌恶的领导,很可能是认真做事的领导;相反,得到不爱做事的部下支持的领导,则很可能是不爱做事的领导。如果不好的公务员不被人们所厌恶,则他们之间很可能有互相勾结的关系。

换言之,职员认为是好的领导,不能断定其为好领导;被许多职员厌恶的领导，也不能仅凭这一点就说他是坏领导。努力为居民服务，为地区的未来而改善现状的人是好领导；被那些懒惰且拒绝改变的人厌恶的领导也很可能是位好领导。让领导者不加过滤地听取成员的声音，并不是让领导者去迎合成员的意思。村里人不了解村子，但根据村里人的评价决定一切，这等于把村子锁在村子里。"多面评价制度"很可能被滥用为陷阱。"多面评价制度"会助长组织或村落里乡愿的嚣张气焰，使领导落入迎合成员的陷阱之中。

韩国的公职社会因年功序列制度缺乏创意与活力，这个问题并非一两天之事了。最近正在采用的职位公募制来任命局长、科长，正是为解决这一问题采取的办法之一。但比职位公募制更进一步的做法是，可以通过对职员进行问卷调查来任命干部，人们将此错认为是革新性的人事政策。如果通过向部下问卷调查选拔自己的上司，那些追求革新与变化的上司很容易被排斥，而那些懂得察言观色、顾及部下看法的上司反而会得到较高的评价。

在政府机关工作的公务员，有其固定化的、履行职责所需的内部准则。这种准则不是为了适应面向外部正常工作的需要，而是为了内部的日常管理与运营而制定的。这样，很可能根据公务员的立场与便利，定出处理业务的规则。问题是比起机关的正式目标，公职社会有更重视内部的规则的倾向性，并且实际上这种内部规则成为一种内部目标。比起组织的本质属性的课题，公务员更加重视的是内部目标，而且内部目标对组织本质性的目标设定产生影响。① 组织改革就是要从击破这种内部规则开始。

① Charles Wolf, Jr., *Market and Government*, Massachusetts: The MIT Press, 1990.

领导要完全听取成员的声音,但不能困在成员的声音之中。领导不能等着成员说话,而应该是在让成员了解自己实际情况的同时,尽到启发共鸣和共享的使命。使村里人了解村子是共鸣和共享的开始,通过使村里人了解村子的共鸣过程,达到共患难,共有未来。

权威主义时代的行政依上司的命令行事,民主的行政依据民众的声音行事。更高层次的自治行政是居民与行政合作的体系,所以地方政府的领导就要像鱼儿在水中游一样,在居民的心中自如游动。为此,要完整地倾听村里人的声音,但在听取村里人的意见的过程中,不要陷入到居民的话语之中。用心倾听村里人的声音,不要被他们的话语困住。这说起来容易,做起来非常难。因为人是风土与共的存在,领导者也是风土与共的存在。

第 16 章　乐土聚集人

若受到身边人的尊敬，远处的人也会随之尊敬你。若是身边的人感到喜悦，人们羡慕这种氛围，远处的人也会慕名而来，因此，要在自己生活的地方实践充满自豪与希望的政治。居民充满着自豪心情生活的地方，会被他人羡慕，远处的人会聚集过来。世人都会寻访充满欢乐的村子。

要使近者追随

叶公[①]向晚年的孔子问政治的真谛是什么，孔子只用如下六个字，就说出了政治的真谛。那就是："近者说（悦），远者来。"（《论语·子路》16）

无论过去还是现在，要使国家富强，需维持适当的人口。同样，想搞活地方或使公司繁荣，一定要使寻访此地的人络绎不绝地赶来。问题是将人们聚集过来需要有魅力，魅力才是撩动人心的力量。地域的

① 叶公是春秋时期楚国叶邑的县尹，姓沈，名诸梁，字子高。叶邑不过是楚国的一个地方小镇，但却僭称公。——译者

魅力是使人们产生“想到那里去看看”、“想到那里去生活”的想法，这种魅力是竞争力的核心。

中国的春秋时期，相对于广阔的领土，人口实在很少，所以增加人口就成为国家复兴的主要课题。于是，当时署理位于楚国边疆叶县的县尹叶公一方面致力于向境外宣传叶县，另一方面将法治主义标榜为治理国家的首要原则，对百姓采用严罚主义，结果百姓惧怕官衙，纷纷向权力触及不到的远方逃亡。叶公认为，比起使百姓喜悦，让百姓走上正路才是真正的政治。

叶公语孔子曰：“吾党有直躬者，其父攘羊，而子证之。”（《论语·子路》18）

叶公说他的治下有一个人将邻居家迷失的羊偷偷地据为已有，其子来到衙门告发了父亲的行为，父亲因此受到处罚，儿子受到叶公的褒奖。叶公将儿子标榜为正直的人，并拿此事向孔子炫耀，宁可大义灭亲，也要遵守国家法律，这就是法治成功的效果。但孔子却不这样认为，自己的父亲偷羊，作为儿子不为父亲隐瞒，是违背伦理道德之人。将这种悖德之人作为模范加以称颂和表彰，真是荒唐至极。

子曰：“吾党之直者异于是：父为子隐，子为父隐，直在其中矣。”（《论语·子路》18）

人的刚直只有在人与人之间以爱的名义相互保护并培养之时才有意义。任何现代文明国家都不会处罚隐瞒父母错误的子女，因为保护家庭才是最基本的伦理。法律本身并没有此意，法律的意义在于用爱保护人与人的关系。在严罚主义的法律下，民众惧怕官府和官员而逃亡到国家权力影响不到的远方，这种国家一定不是好国家。叶公不顾国民的期待，只对外做出从事柔和之政治的样子，故作姿态。孔子劝告叶公说的就是:“近者悦,远者来。”

一个地域得以发展的根本也是这样,那就是让生活在那里的人对生活在那里感到非常满足。该地区的居民们能够感受到地区的魅力,并生活在幸福之中,产生了地域的魅力,所以让生活在该地的居民有“愿意在这里一直生活下去”的感觉非常重要。生活在一个地区的人们为了维持一定水平的经济活动和共同体生活,需要维持一定的人口数量。维持人口数量,最重要的是使当地居民不向外流失,让居民对本地产生热爱和自豪的感情。

居民的高满意度可以招来新居民,也可让曾经住过的居民重新返回,而且增加外地人的访问量。只要居住本地的居民满意,外部居民会自然而然地聚集到这里。地域的国际化也是如此。只要造就让来访的外国人感到有意思和满意的国家,我们就不必刻意对外国进行宣传,因为这本身就是一种宣传。

如果现在孔子问我们:“你们的国际化进行得好吗?”我们该如何回答?尽管花费了很多预算到国外宣传韩国,但与此同时我们又是怎样对待来韩国务工的外国工人呢?数十万名外国工人是否尊敬韩国和韩国人?他们回到自己的国家以后,是否会自豪地讲述自己在美丽和心地宽厚的韩国的经历,甚至是否会成为帮助韩国的人?可悲的是,韩国人正在被第三世界的人所厌恶,致使韩国人不敢在深夜独自行走。你还听过如此令人感到悲伤和绝望的话吗?

应该怎样改变这一“近者怨,远者怒”的惨淡现实?当今韩国的海外依存度高达70%,尽管这样,我们还在高喊我们是单一民族,强调民族的同质性,打破不了这种封闭思想的话,我们该如何改变自己的形象?

乐土聚集人

当地居民生活便利且心情惬意的城市，外地人也愿意访问。居民的自豪感越强，对待外地游客也越亲切，这是适用于地方政府的旅游政策的铁律。要想造就一个成功的旅游胜地，首先要珍惜当地居民的自豪感，因为只有居民认为自己生活的地方是值得自豪的地方，才能吸引游客前来。所以一个地方的旅游事业要丰富当地居民的生活，要给居民带来喜悦。

居民愿意设立旅游景点的理由很简单，那就是因为可提供新的就业机会，期待创造出多样的连带效应和波及效应。有魅力的旅游景点会让居民感到自豪，同时培养他们热爱家乡的感情。因为家乡拥有值得自豪的旅游景点本身，也能得到外地人的尊敬。但韩国开发的旅游景点没有收到良好的效果，投入了很多资金开发旅游景点，但对于地方经济的波及效应却微乎其微。大部分情况下，花大钱开发旅游景点，而对居民只能提供从事简单劳动的机会。也有不少情况，旅游开发非但未能提升本地的形象和居民的自尊心，反而引发居民的不满情绪。

为什么会这样

原因有很多。将地域与居民排除在外，一直以来只是以旅游资本和旅游设施的开发为中心，这产生出没有文化底蕴的空虚感。只想用旅游设施来填补，旅游开发、地域开发则置之度外，只是在游客、旅游资源、旅游设施上花心思。这样的旅游景点游客越多，越使当地人感到烦恼，致使“远者来，近者怒”。游客在这里找不到亲切感或好客精神。

在当地居民愤怒，只有外地游客寻欢作乐的地方，旅游文化之花是不能绽放的。若觉得僧人伟大，那么他的袈裟也显得伟大；若厌恶僧人，那么他的袈裟也显得肮脏。只有旅游业者赚钱，留给居民的只是垃圾，本地居民绝不会去喜欢它，亲切地对待它。这种景点只不过是业主为游客制造的商品罢了，没有活力是必然的。所以，在这种地方绝不可能制造出新的附加价值。

地域开发的根本是增进当地居民的幸福。作为促进地域开发的一个环节，旅游开发当然要成为丰富当地居民生活的一种手段。旅游开发要站在更宏观的地域开发的角度进行，地域开发要以旅游开发为起点。城市开发要成为旅游景点的开发，旅游景点的开发要扩大到城市开发。这样看来，旅游开发的基本方向要充分满足以下两种基本条件：

第一，推进为了居民生活的地域开发及其与旅游相联系的政策。换句话说，谋求和推进旅游开发本身扩大到城市开发的政策。

第二，不仅要开发物质性的设施与土地，连同本地居民的意识与生活环境也纳入到开发的领域。旅游城市不是仅开发设施就算完成，还要连带开发本地的特点，兼而具备以接客意识武装起来的人力资源的开发，才算臻于完善。所以旅游城市的开发要从人才开发开始。

主人喜悦，客人才喜悦

“近者悦，远者来”这一铁律，也适用于地方政府的庆典。策划一个庆典或活动，首先要开始于使居民感到喜悦和自豪，因为庆典的主角是该地居民和参与者。居民不仅在庆典的策划与运营过程，而且在享受庆典的喜悦中也要成为主角。一个地区的居民参与到自己计划和准备的庆典，分享只属于自己的感动，从而升华本地的文化。也就是说，通过共享感动而共享文化。

共享文化就是共享体验、感觉以及情感，这与观看足球比赛或棒球比赛时，观众们一起欢呼、共同感受挫折与喜悦相同。庆典是为了使参与者就像是共同品味冰激凌一样，就像同感氛围、共吸空气一样，一同造就创造性人生的历史痕迹。

参与庆典的本地居民的喜悦，也如实反映在他们迎接客人的态度上。在居民的心是暖和的地方，外地游客在访问期间，他们心里才会像成为当地居民一样。即使只停留一天，也会以“一日居民”的心情参与庆典。关怀每一位来访者，让他们都以主人翁的身份参加庆典，这样的庆典才能可能成为成功的庆典。

在每个人都以主人翁的姿态生活的时代，要让所有庆典参与者都能发挥自己的作用。为此，导演、演员、观众要合为一体，组成共同参与的平台，至关重要的是打造主客体双向交感演出的栏目。但韩国的庆典多半是为了穿着西服高唱祝词的高官显贵以及他们所请来的访客摆设的宴席而已，这种庆典可以被认定为失败的庆典。居民们受够了，为了动员腻烦透的居民们参与，公务员们也坐卧不安。所以，“远者来”到“近者怒”的地方，其“远者”也只能“怒”了。

庆典应由地方的居民组织在前台计划与运营，行政部门在看不见的地方支援，使它成为官民一体之政治纽带演出的机会。居民不仅要成为运营庆典的主角，还要成为喜欢庆典的主角。举行居民如此喜欢和高兴的庆典，才能招徕远方的客人。

当地居民由定居居民与流动居民组成。定居居民指居住在当地的居民，流动居民指光顾当地，在那里购物住宿等与地区结缘的人。如今给一个地区的定居居民带去财富的重要因素是流动居民的质与量，但流动居民的质与量取决于定居居民的水准。定居居民也可分为两种，选择型居民和宿命型居民。选择型居民因为对自己生活的地方感到自豪，即使有移居到别处的能力，也一直在这里生活的人。宿命型居民是不喜欢自己所生活的地方，但不得不在这里居住。宿命型居民占多数的地区，无论国家给多少补贴，无论有多少资源，也没有发展的希望。

活着的人都会同时考虑“抵抗”与“逃脱”。抵抗指不喜欢自己所属的组织或社会，为改变它而努力。当然，尽管抵抗了，但就像人们的心一样，并不容易改变。所以人们也会打消这个念头，若还是抑制不住不满情绪，则会尝试逃脱。跳槽到别的公司或是搬家到别的地方，又或是移民，都是典型的逃脱的表现。

有通过抵抗改造社会之能力的人选择逃脱，则该社会将逐步走向衰弱。有能力的人扎堆在城市，农村没了回生之力。有能力的人才移民国外，国家就难以得到发展。如果村里人一有机会就想离开自己的村庄，那么这个村子不可能有多大的发展。国家也是如此，国民一有机会就计划移民国外，这可不是一般的问题。所以孔子说：“近者悦，远者来。”

第四编 干一行，专一行

第17章　未经训练的士兵不能上战场

自然资源甚少的韩国，其希望在于培养想象能力与实践能力出众的人才。自己挨饿也要培养子女，这种教育热潮使最贫穷国家之一的韩国成为居世界第十一位的贸易大国①。但目前韩国的教育要区别于体力劳动者时代的教育，一个人才不次于一座大型工厂。要用这种理念进行教育投资，因为知识才是最大的资本。

为什么要教

为了让每一位成员都能够完成自己分内的工作，要事先对其进行必要而彻底的教育。如果未经事先准备，就把人直接投入现场，不仅会使组织的生产性下降，还会毁掉成员个人。所以，孔子说："以不教民战，是谓弃之。"(《论语·子路》30)

在工作现场很多人说："我们没有资源。"其实没有的不是资源，而

① 据韩国《中央日报》报道，2012年韩国贸易额达到1兆美元，排名世界第8位。2000—2002年度，韩国的贸易额排名位居世界第13位；2003—2006年度，位居第12位；2007—2008年度，位居第11位；2009年度位居第10位；2010—2011年度，位居第9位。——译者

是没有能看到资源的眼睛和利用资源的智慧。在工作现场很多人说:“人力不足。”但不足的不是人力的量,而是人力的质。

人们都很难超越自己的见闻进行发散的想象,无论是现在的问题还是未来的方向,都只能看到与自己知道的相应的程度。没有意识也就没有问题。以理论与先进的经验来看自己所处的地区时,才一点一点地看得出自己地区的政策课题。因此,学习理论与先进经验非常重要。而且投入到实战之前必须进行教育的原因也在于此。

目前我们生活在知识代替资本与劳动的时代,创造人类社会价值的核心手段是人力资本(Human Capital)。物质资源主导增长的时代以20世纪90年代为分水岭,现正在走下坡路。物质资本的投入对经济增长的影响作用从70年代的4.2%下降到90年代后期的1.7%。[①]目前我们生活在相比机械设备更注重知识量和信息量的知识社会,所以在21世纪,人才是养活国家以及公司的最重要的因素。

组织的水平决定于人才的水平,CEO的能力归根结底取决于与多少人才共事及如何重用人才。如今,为了能够在激烈的竞争中生存下来,民间企业将命运寄托在确保拥有少数核心人才上。微软前总裁比尔·盖茨为了聘请阿努博·谷塔担任微软的技术顾问,收购了他所属的整个公司,这一事例给了我们很大的启示。

但政府吸收感兴趣的人才或淘汰不必要的人才都不容易,只能通过进修来提高素质。特别是在韩国公务员的人员结构中,三十多岁的人多于二十多岁的人,四十多岁的人多于三十多岁的人,显示出老龄化趋势。那样,容纳时代变量的能力相应的低下。即使处在这种状

---

① 삼성경제연구소(三星经济研究所):《휴먼캐피털과 성장잠재력》,三星经济研究所2003。

态，我们对公务员的投资仍不充分。相反，企业既选拔优秀的人才又设立进修院，为持续培养核心人才而努力。美国通用电气公司原董事长杰克·韦尔奇扩大克罗顿维尔企业大学，为培养人才几乎生活在那里，使企业起死回生的事例生动至极。

三星集团的创始人李秉喆会长曾经说过："我一生的 80% 用在聚集人才和培养人才上。看着我培养的人才成长，出人头地，积累出好的业绩，我感到非常欣慰，并感谢他们。经常能听到这样的评价，'三星是人才的宝库'，我觉得没有比这更令人高兴的事了。"①因管鲍之交而得名的中国春秋时期的齐国宰相管仲说道："一年之计，莫如树谷；十年之计，莫如树木；终身之计，莫如树人。"公元前 685 年任宰相、辅佐齐桓公成为天下霸主的名宰相管仲所说的话，在 2700 年后的今天更加闪耀着光辉。无论岁月怎样流逝，社会发展始终以人才开始，以人才告终。

目前，我们所需要的人才是见识及实践见识所需要的胆识兼备的人。知识是动用大脑皮层就能获得的东西，在辅导班听讲或只读参考书，同样也能获得知识。但这种知识只是知识，不能成为人们的信念与行动力。不去探索比知识本身更根本性的东西，即不用心去探索知识，只在知识的表面状态，对人的发展不会起到太大的作用。知识只有浸透到肉体里、融化进血液里，升华成为智慧，成为理念与见识，才能发挥出力量。

人们通过见识的体察确立信念，并将此作为行动的起点。即使有对于某种问题知识渊博的人给出了答案，充其量也只是知识上的解决对策。在现场解决实际问题，需要判断能力与行动力，为此要有人格、

① 최우석(崔禹锡)：「三國志경영학」, Forbes Korea 2004。

体验以及亲自取得的价值观做后盾才行。这种复合体可称为“见识”。运用见识果断解决问题，需要有“胆识”。胆识是发自内心与身体的力量。如果没有这种胆识，即使拥有多么卓越的见识，遇到问题时也只能优柔寡断。

为了培养见识与胆识，平时要有自己的理想与目标，要有自己的“志”。这种“志”是一时的还是永久的，取决于“操”。所以，我们说“志操”。即使拥有了志操，但在解决问题时是否有条理就要另当别论了。拥有志操而且有条不紊被称作“节”，“节”的持之以恒就是“节操”。①这样看来，我们的教育目的就是要脱离知识主义，培养身心相通的见识与作为后盾的胆识，最后养成节操。所以，教育不是灌输知识的体力劳动，而是塑造人才的创造性行为。

怎样培养

所谓培养人才，是指以人的目前的能力为基础开发潜力，使其创造性地发挥自身作用的变革工作。作为人之变革工作的教育与训练，终究是要从“爱人”出发。所以，为了培养部下的能力，要以上司自身的变化和发展为前提。如果上司连自己的新课题与前程都不了解，就无法培养部下。领导者不变，部下也不可能变。培养部下，“只要把他送到进修院即可”的想法是错误的。

培养人才要进行有体系的教育，使组织成员熟悉组织惯例，有体系地接受业务处理的方式，这种基本教育“通过业务的职场进修”解决。通过业务的职场进修是由上司或在上司的计划之下，通过业务或

---

① ［日］武田鏡村:『安岡正篤の行動學』，東洋經濟 2004。

所属业务，为部下习得必要知识、技能以及端正态度所进行的进修。职场进修也可能是将职场外进修所获得的知识与原则更加体系化的平台。但职场进修有坠入因循守旧主义与形式主义缺陷之嫌。而且比起应对组织的新变化，更急于守护原有的框架。只靠职场内的职务进修，不能创造出新的文化。

教育与学习要用多样的方法进行实践，并且还要像给豆芽浇水一样反复不停。教育机会本来像旱天种豆般寥寥无几，如果还斤斤计较流失的水费的话，就无法培养出人才。因为，如今我们所需要的人才不是像罐头一样把知识罐装出来的。任何组织都不可能凭罐装般的知识成长起来，所以我们不再需要那些只提供教条般死知识的进修院。进修要成为追求新的可能性，要成为供给渴望美好未来的能量的机会。同时，领会一个原则，可以此作为基础解开自己的疑问，以培养创造性的人才，这便是进修的目标。

组织由多种类型的人组成。有主动了解组织未来发展方向并自发行动的人、紧跟方向的人、随大溜的人、看眼色另搞一套的人等，组织成员的态度多种多样。每个组织都需要自己固有的人事政策和特定进修方案的理由就在这里。如此看来，要想真正培养人才，就要采用孔子所说的“因材施教”。孔子根据受教育者的个性与情况，进行了“对症下药”式的教育。根据对方的水平和情况进行的教育，才是真正平等的教育。让我们来看看孔子“因材施教”的事例。

孔子的弟子们向孔子请教政治的真谛，孔子根据每一位弟子的特性做出了不同的回答。子路问政，子曰“先之”；仲弓问政，子曰“举贤才”；子贡问政，子曰“民信之矣”；子张问政，子曰“居之无倦，行之以忠”；叶公问政，子曰“近者悦”。对于相同的提问为什么做出多种不同的答复？这是为了根据弟子个性特点和立场,改正他们身上存在的各自不同的缺点。

从下面的场景我们更能生动地了解孔子的因材施教。

子路问:“闻斯行诸?”子曰:“有父兄在,如之何其闻斯行之?”冉有问:“闻斯行诸?”子曰:“闻斯行之。”公西华曰:“由也问‘闻斯行诸’,子曰:‘有父兄在’,求也问‘闻斯行诸?’子曰:‘闻斯行之’。赤也惑,敢问。”子曰:“求也退,故进之。由也兼人,故退之。”(《论语·先进》22)

孔子完全立足于对方的水准与状态,进行了因材施教。这也告诉我们,阅读《论语》以后死记照搬其行事是危险的。我们必须注意,首先审视自己像子路一样太勇猛、激进,还是像冉有一样爱退缩和犹豫不决,然后再仔细吟味和反省《论语》中的话。所以,人人都要写一部符合自己的《论语》。孔子通过与诸弟子的问与答,教诲了经典与自己所认为的理想政治。《论语》编成孔子与其弟子间的对话形式,原因就在于此。

对此,《论语》中这样写道:子曰:“吾有知乎哉?无知也。有鄙夫问于我,空空如也。我叩其两端而竭焉。”(《论语·子罕》8)

创造新业绩的研修

组织成员应尽的作用因时代的不同而变化,所以,要想尽职尽责,就要领会该职责所要求的时代使命,并磨练必要的能力。要想提高职员的素质,就要优先设定职员的优良形象。例如,要想设定地方公务员应有的优良形象,首先要设定地方行政应有的优良形象。像这样,应以设定行政的优良形象并塑造该形象作为研修的前提。

韩国光复[①]后的地方行政机构，不是解决地方积案与居民问题的机构，而是向国民宣传治理国家的理念，确立法制的秩序，是自上而下的"统治机构"。作为统治机构，地方行政所履行的基本任务是开导和管制国民。所以，对于将执行管制作为最中心职能的公务员来说，对他们进行法规解释已够得上充足的进修。像这样，光复后 25 年间，韩国地方公务员的作用就是执行管制行政。

新村运动[②]对韩国的地方行政带来了巨大的变化。国家对全国各地方行政机关下达了规定的政策目标量，地方行政机关的存在意义变成了国家政策的"执行机构"。所以，地方公务员根据中央的指示、命令、通报、训令有条不紊地运作，以管理居民的领导者身份而出现。作为领导者，地方公务员的作用就是根据中央的指示管理居民。地方公务员成了适合指示与传达标准的"书记型公务员"，他们需要的教育内容是理解国家的政策。

现在我们生活在地方自治的时代，我们的管理要反映每个地区的特色，展现地区间的差异与差别。每个地区要心怀本地区的现状，立足实际地开发固有的政策，要告别消化规定预算的预算消化型行政。所以，要培养出开发地方经营资源并使其具有当地特色的制作人型的人才，为地区的未来做准备。

如今我们的行政体系要打破年功序列，转向立足能力主义的人事，从以机关为中心向以技能为中心体系转变，从培养通用型人才向培养专业型人才体系转变。在这样的情况下，要培养以世界化视野勇

---

① 光复：韩国以 1945 年 8 月 15 日日本无条件投降为光复，该日为光复节。——译者

② 新村运动：1970 年朴正熙总统号召开展，并动员韩国全体国民参加。该运动旨在发挥勤劳、自助、合作、开发的精神，建设好各自地方直至每个村庄，以促进国家加速发展。——译者

敢挑战地域课题的人才。培养设计和实现地域梦想的政策型公务员，也迫在眉睫。

为此要改变在职进修的风格，不是为满足晋升要件的义务型进修，而是要提高生产性的政策型进修、课题型进修、专题型进修。要摆脱以供应者中心的小品种大生产型教育，而实施与公务员个人职务直接联系的、将现实课题转为专题的因材施教型教育。按不同领域、不同业务课程，进行咨询型教育培养人才，扩大不同阶层的实务进修，增加现场教育比重。这样的进修才能培养出新的理念，成为将新的知识与技术反映到日常业务上的能量供给源泉。

地方自治政府所需要的公务员的素质因该地区的现实与特点而异，所以，地方政府要自行培养出实现自己固有愿景所需要的人才。以公司言之，好比通过自主的进修，向职员灌输经营理念与目标，按不同部门培养不同的人力，以达到经营目标。所谓经营理念就是使组织成员都向着同一目标一起行动的组织哲学。各个地方政府的人才培养，要立足于个别化的经营理念。

教什么，学什么

任何组织想要达到其所追求的理念和目标，必要的人员能力水平与实际配备的职员的能力之间都有所差距，因此，所有组织都要开发和发展组织成员的潜力，不断进行人的变革工作。地方政府组织需要多种多样的人才。例如，在策划和实施活动时需要点子丰富的人、交际能力强的人、善后工作做得好的人等。举办一次活动，要聚集各个领域的专业人才，并发挥他们各自的能力，活动才能办得成功。进修就是为了开发、培养现场所需的多种人才，缩短地方政府所需要的优秀人才与现实人力资源之间的差距。

公务员的素质由知识与技术等客观能力、价值观与态度等主观能力所构成，所以，公务员不仅要提高知识与技术等实务能力，还要开展提高潜力及树立公职精神方面的学习。所有进修与学习的基本是提高求知欲和确立理念。许多公务员都事先担心自己不能胜任新工作。

孟子曰："夫人岂以不胜为患哉？弗为耳。"(《孟子·告子下》2)

就像孟子所说，我们真正要担心的不是承担工作的能力，真正的问题是连想承担的想法都没有。认为自己这也不行，那也不成，还没试过就否定自己的能力，这比什么都不好。因为它是对生命本身的否定，但比这更不好的是压根儿就没有想做的心情。所以在公职者的进修中最优先要解决的课题不是"不能做"而是"不想做"。

不能做与不想做之间有何差别？

孟子曰："挟太山以超北海，语人曰'我不能'，是诚不能也。为长者折枝，语人曰'我不能'，是不为也，非不能也。"(《孟子·梁惠王上》7)

今天摆在我们面前的课题无论多新多急，那也不会像"挟太山以超北海"那样没有可能性。新的课题不是因为不能做而不做，而是因为不想做而不做。不想做的人连自己不足的能力都补充不了，所以重要的是让他自己树立起努力的姿态与使命感。有了这样的理念，行动可随之而来。懂得认真生活下去的理由，愿意为社会贡献的人，已经具备了很多可能性。目前教育与训练的内容要从单纯地增强职务能力扩大到人格能力的修养上，原因就在于此。

对于组织来说，以树立精神为手段的效果因人而异。有人要靠福利惠泽，有人要靠加强处罚。但在政府组织中，不能像民营企业那样利用福利与惩罚的手段，所以，在政府组织中树立精神，在根本上还是要确立自豪感与使命感。重要的是通过教育培养地方自治精神与民主精神、确立法治行政精神、公平中立的态度、公务员的使命感。为了提高实际业务能力，要钻研与地方自治相关的制度，履行、管理、运营负责的事务，具体政策的理论与技能等等。为了发挥潜能，要历练与行政环境的变化、自治行政的变化、社会形势等相关的教养等。而且，为了综合行政，管辖范围以外相关的事务也需要了解一点。

目前公务员最缺乏的是具体的政策构想能力。到目前为止，韩国的地方自治政府都执行的是中央政府指示的整齐划一的工作，其结果就成了进行提高行政管理效率的进修。但现在需要的是靠自己的力量勾勒出愿景，形成固有的个性。所以，地方公务员不仅要学习与政策相关的一般理论，还要一并培养制定政策的能力，理解行政环境的变化与时代的变迁，能主动思考自己所处的自治团体的政策课题是什么。

看到地方政策课题之后，能在现场发现整理具体的课题，还要培养解释与评价课题的能力。为什么说这是问题？问题产生的原因是什么？问题解决的理想状态是什么？问题的现状与未来的意义是什么？对这些应该会测定与评价。解释和评价问题的目的是为了寻找解决的对策，为此要建立愿景，写出脚本，制定程序。

愿景指理想中将来的模样。脚本是指实现愿景的战略，即指明做什么和怎么做才能达到目的，解释清怎么做才是必要条件以及怎么做才是充分条件。程序是根据脚本将判明为满足必要条件的事务和事业加以落实。在地方自治团体的业务中体现出具体面貌的，就是这种程序。每个程序的实现，依据看不见的脚本，连接成实现愿景的一条线。

培养制作人型的公务员

地方自治团体是独立制定政策与条例的组织。所以在这样的组织中工作的公务员要创造出新的政策、独特的政策、能面向全国展示的地方“特产”。为此，要深入研究居民与地域，发掘地域中隐藏着的人力资源、物质资源。电影制作人对参演的每一位演员都很了解，同样，地方公务员要了解本地必要的资源，动员一切可以活用的资源。为此就要像电影或话剧的制作人那样，要有专业意识，学成专家。

不是谁都能成为专家。呆坐不动，只埋怨制度、预算的公务员不能成为专家。亲自开发新的方式、尝试新的实验、创造新信息的人，才有可能成为领导、成为专家。现在我们就要培养制作人型公务员。“producer”指出品人、制作人。那么制作人型的公务员应该是怎样的人呢？

第一，应拥有专家意识，进行创造发明的公务员。政策也好，“特产”也罢，创造出有独特的东西，是制作人型公务员的使命。

第二，制作人应是演出者。演出内容要加以综合化，未经综合化的演出不可能存在。综合化有多种含义，有效地使用各种财物也是靠综合得来的。

但不仅仅是对这样简单的东西，从现在开始要对复杂的东西、有效的东西加以综合。将居民所持有的能量调动起来，把居民和居民联系起来，使其力量增强两倍、三倍，让他们在自治舞台上参与表演，这才是真正的整合。将居民的能量与智慧增强两倍、三倍，积蓄履行自治行政的条件，这才是制作人型职员的作用所在。出色的制作人不追求单纯的综合，而致力于为了变革和创造的综合。正像到目前为止的公务员所做的那样，不再满足政绩型、现状维持型、定型、书记型的做法，制作人型公务员常常为了尝试更新、更发展，以冲刺的姿态倾注多样的努力。

地方自治团体的职员为什么要成为制作人型的公务员呢？

第一，地方自治团体的职员以专家的面貌从事于自治。当然公务员是不是自治方面的专家，还有待商榷，但以“专业”从事自治行政之“生计”则毋庸置疑。从事一个专业兼生计的职业，就已经不再是业余的了。不是业余的就意味着是专家。专家以工作衡量自己人生的成败，公务员以政策衡量自己的成败。

第二，居民期待地方自治团体的职员成为自治的专家，所以公务员应该了解行政、了解居民、做好创造价值的制作人，应进行更多的研究，成为自治行政的专家。人生之路亦可谓工作之路。将自己的人生成败寄托在地方自治事业上的公务员，应在接受新事物、准备新计划上决出胜负。为了以成功的人生、成功的公务员身份生活下去，要主动挑战自己，培养实验精神，成为制作人型的公务员。

但制作人型的公务员不是自然而然就能养成的，要给予体系化的教育与多样化的学习机会，提供与能力相应的认可与恩惠才能养成。所以孔子说用兵先要练兵。

第 18 章　人事是万事

一个贤明的管理者能够自如地运用人的长处，会识人、会用人之能力的大小就是管理者的大小。在必要的时期任用合适的人才，发挥其能力的组织才会繁荣；为必要的时期准备了必要的人才，这样的组织才能够得到繁荣。所以，出色的管理者为了在必要的时期运用必要的人才，平时就要做好准备。

管理就是任用人才

再熟练的木匠也不能独自建造房屋，若没有别人的协助，任何木匠都发挥不出自己的才干，木匠大师也要寻找可以弥补自己不足的人才加以使用。像这样，如果做到适才适所的人事，人们就会履行自己的职责，发挥出自己的能力。

张养浩在《三事忠告》中说道："夫粹白之狐，举世无所有也，然而有粹白之裘者，善取于众而已矣。况大臣初不贵乎事无不知，第公正其心，无所媢疾，则智者效谋，勇者效力。呫呫以为才，捷捷以为辩，自炫自伐，则贤者必不乐为之用。大抵人君自伐，则臣职有所不行；相臣自伐,则百执事之职有所不行。为人上者,操约以驭繁,居静以制动,以无心而应天下之心,则所令者从,所庸者劝。苟致其贤而任之,既任而疑之,而务胜之,顾与不知不用,自任其才也奚异?若然,则体统失,而謟佞之小人至矣。"①

比起对手曹操,吴国孙权没有魄力是他的一大弱势。但孙权也具备英雄的资质,有善用人才的长处,在运用人才上也具备英雄的形象。他对自己选择的人才完全信任并委以重任。孙权发挥人才的长处,对人才的缺点则加以宽容,睁一眼闭一眼。②

不了解一个人,则无法委以重任;如果不能委以重任,则了解这个人就没有意义。知人指知道一个人的优点和缺陷,用人指发挥其长处,了解一个人是指了解其潜力和可能性。因此,人们通过培养人来了解人。只有有培养人之心的人才能了解人,只有能了解人的人才能培养人。所以,领导者要具备知人善任、育人成才的能力。

顶尖管理专家卡耐基说过:"我之所以成功,是因为我会任用比我强的人,我这一生都为了解他人而努力着。"

知的眼镜与情的眼镜

樊迟问仁。子曰:"爱人。"问知。子曰:"知人。"樊迟未达。子曰:"举直错诸枉,能使枉者直。"樊迟退,见子夏曰:"乡也吾见于夫子而问知,子曰'举直错诸枉,能使枉者直',何谓也?"子夏曰:"富哉言乎!舜有天下,选于众,举皋陶,不仁者远矣。汤有天下,选于众,举伊尹,不

---

① [日]安岡正泰:『爲政三部書に學ぶ』,致知出版社 2003。

② [日]守屋洋:『爲政三部書』,ビジネス社 1978。

仁者远矣。”(《论语·颜渊》22)

在这里孔子用三段论解释了人事哲学。领导者的“仁”是爱百姓，为了达到爱百姓的“仁”就要“知人”。“知人”是了解运用一个人的能力，这正是使百姓幸福的绝对因素。自知者明，知人者智。了解自己是一件难事，了解别人是一件更难的事，因为自己有多高，他所看到的别人也就有多高。

我们周围有人立足于“知”判断别人，有人立足于“情”判断别人。以“知”先行的人以智力(intelligence)看待事物及现象，所以用人时以“贤”、“愚”作为判断的标准。以“情”先行的人以自己的心情所能接受的程度来判断人，以“喜欢对方”还是“讨厌对方”作为判断的标准。所以，用人时应以与自己的亲疏关系为中心来判断。

如今，在利益社会的组织中，立足于“做什么”的内容和“为什么而做”的目的去判断人和事尤为重要。但问题在于不是谁都可以那样做，因为人都是有感情的。很多人这样断定一个人：“我讨厌那个人，所以凡是那个人所做的事情我都讨厌。”这种人只以人和人际关系为判断的标准，重要的不是做什么，而是“谁在做”。但是，要想组织合理运营的话，就不能以“谁在做”而是以“做什么”为标准。特别是对于需要协调多种见解，需要多人合作解决问题的行政来说，“做什么”比“谁在做”更加重要。所以组织的人事问题不能以把谁安排在哪里作为出发点，为了客观的人事，应以“为了做什么而安排哪种人”为标准来找人。

因此，人事负责人应是不以“情”而以“知”先行的人。想以“知”先行判断他人，首先要以该职责所要做的工作为前提找人。人事负责人不仅要了解各职位目前应履行的工作，而且还要了解各职位未来应履行的工作。因为将工作与人联系起来才是人事负责人应尽的职责。人事负责人是设计工作与人的人。①

适才适所与增能评估

人在相应的位置上发挥能力之前,谁都不是人才。只有被领导提拔到特定位置发挥其实力时,才能成为人才。人事评价的关键在于是否做到适才适所,能力是否得到增强。把一个人放在怎样的位置,让他怎样工作,就是人事行政。

要想适才适所,提高各自能力,首先要发现这个人需要增强何种能力和怎样增强这种能力。要想客观地评价职员,根据他所承担的工作不同,评价标准也应该不同。即使是在同一个地方自治团体之中,福利部门与企业经营部门、局长与系长用相同的标准评价是不行的,因为所要求的能力不同。如果评价了职员的情况,应该将评价情况告知本人,否则他无法达到提高其能力的目标。评价结果应传达改什么和怎样改会更好,以及为此应该做出怎样的努力。但评价的一方或接受评价的一方不能将人事评价误会成人格评价。

为组织立功者应奖励,但不能因为有功就给予他地位,地位要授予给有相应见识的人。违反人事原则,只为报答其功而将职位授予无见识的人,也可能成为组织崩溃的原因。人才只以贤明和能力作为标准,不分智与愚、优与劣,只凭资历深浅晋升,这种"至公无私"的想法是错误的。人才不管能力大小,不分青红皂白,只按年功序列授予要职,这种"公平"的想法更是不对的。

① [日]童門冬二:『男の論語』上・下,PHP文庫2001。

即使是同一个人,也会因用人者的不同而气量不同。在任用人才上,用人者的态度与部下的贤明和能力大小同样重要。人事负责人任用了特定人才之后,不能认为是自己对其施以的恩惠。如果让被任用人知道受恩了,并令其报恩,那么那些未能获得好职位的人的怨气又由谁承担呢? 当劳动和所得成正比时,组织的生产性才会上升。所以,人事行政的重心是优待取得业绩的人、淘汰无能的人和培养将来做事的人。组织的负责人"用谁",等于向部下阐明今后应怎样行动和怎样做事。

经营业界鬼才美国通用电气公司前董事长杰克·韦尔奇利用"活力曲线"将组织成员划分为核心精锐(20%)、中间层(70%)、下层(10%)。对于20%的尖端人才即核心精锐要重点管理,对于70%的中间层进行培养,对于下层的10%常厉行常识性的管理。经营奇才韦尔奇的这个制度只实行了3年,问题职员就基本上都被清除掉了。不仅如此,他将这个制度作为基本原则继续执行,秘诀就在于这样可以剪掉10%的尾巴。

但政府组织不能像民营企业那样自如地运用补偿与解雇的手段,政府组织的人事政策在淘汰无能者或不工作的人方面有根本的局限性。所以,政府组织的人事行政的重点要放在表扬尽其所能地创造业绩的人上。社会成员都把自己的缺点减至最小时才会走向成熟,但一个组织只指出落后成员的缺点并令其改正,则不可能得到前进的动力。社会也好,组织也罢,使成员的优点最大化才能得到发展。在做事的人得到认可、要做事的人得到提拔、业绩上升的人会得到重用的组织里,那些不做事的人自然会被淘汰。

所以,不提拔人才、不优待有能力的人的领导者,没有资格责备职员，因为领导的作用是要让部下发挥自己的能力，并给予部下积累功绩的机会。将立功的机会据为己有，只向部下问责的人没有资格成为领导者。

需要使用活人剑法的人事圈

想起一位公务员说过，他的座右铭是“像被雨淋湿的落叶一样活着”。被雨淋湿的落叶贴在地面，用扫把扫了又扫也扫不走。要想在公职中长期不被淘汰，就得要俯伏紧贴地面。玻璃窗不擦不会打碎，碟碗不刷也不会打碎，像这样，尽量不做新的工作，俯伏在地是最好的选择。

为什么会出现这种说法？比起想向挑战新事物而受到表扬，我们更担心失败后受到的责难。长期在这种组织风气中工作，其结果是在开始尝试任何工作之前，总会产生“如果反应不好怎么办？”“如果这样做是否会产生各种不好的评价？”的负面想法，所以“宁走老一套，绝不标新意”的消极态度就会蔓延开来。“沿袭惯例”、“不找麻烦”、“一帆风顺”等词句，都包含了妨碍“新的挑战”这一积极态度萌芽的含义。消极思考在官僚社会表现得尤为明显。在那个时期里，政府的人事评价体系的立足点不是对努力且业绩上升的人优待的“加分主义”，而是对出现错误的情况减分的“减分主义”。

在年功序列的秩序中，一旦犯有某种错误而被减分，其恢复就成为不可能的梦。成功被以为是当然的事情，失败后被追究责任而减分，那么谁都不会染指新工作了。因此，公务员会沉迷于闲适安逸、伏地不动、沿袭惯例之中。

人事行政的根本，是使有热情有能力的人兴致勃勃地做事，将那些既无能又牢骚满腹的人淘汰掉。还有，优待那些乐于挑战新事物、善于适应时代变迁与形势变化的人，也是人事行政的根本。剑道有活人剑和杀人刀之分。人事权不应该是镇吓职员的杀人刀，而应该是让职员产生生机与活力的活人剑。如果说加分主义的人事管理是着眼于权威的活人剑法的话，那么减分主义的人事管理就是滥用权力的杀人刀法。①

认真努力了，但无成果的人是无能的人。比淘汰无能之人更重要的是让有能的人扬眉吐气。若业绩上升的人获得了好评，组织里努力工作的人会自然而然地涌现出来。在重用有能之人的组织文化中，无能之辈自然会被隔离出来。但韩国政府的人事体系尚未构筑出客观地评价成果的体系。

在韩国政府组织中，组织的单位是部门，因此，在设定职位之前，首先设定了局、科、系等机构。其结果是各部门的职员作为机构单位的人力，被分配到该部门从事相应的工作，占有一定的地位并阶层化。所以，职位与其说是立足的技能，不如说是身份的标志，按职级序列构成组织的阶层。

而且由于职务的履行立足于结算制度，既集权又集体地履行，所以，比起根据办事成果来评论，更重视履行职务的努力程度。比起工作能力更看重年功序列，正是这一体系的产物。而且从整体来看，在特定部门工作的职员形成共同体纽带，形成一个温情的、以家长制形式存在的集团。所以，不管是哪位职员，无论做了好事还是坏事，都被

① “活人剑”、“活人剑法”、“杀人刀”、“杀人刀法”等说法是作者借用的日本的剑道术语。——译者

纳入其所归属的机构集团。在这样的组织中，评价每个职员的时候，很难评价该职员个人的业绩，因此，只能评价努力程度。但现在，我们还是要将评价体系的标准，从单一的努力程度向成果的提升程度转变。①

苗圃地里不能判定果实的等级

如果起初没有任用有可能性的人才，人事评价做得再好也没有多大的用处。特别是通过只能评价记忆力的笔试考试就录用人的话，无法充分任用必要的人才。记得住从韩国首都首尔到南部最大城市釜山所有火车站名字的人，未必有改善铁路业务的智慧。即使像显相纸一样记忆力超群的人，如果没有贤明的智慧，也是无用之人。

所谓智慧就是指遇到问题时，能给尽可能多的人带来幸福的多种对策的功利性能力。选择解决问题之对策的思考力便是判断力。解决问题是指让与此问题相关的人都处于最满意的状态。这样看来，凭借只看得出记忆力的笔试选人，有着根本的缺陷。如果只通过笔试就可以选拔人才，那么在高考中合格的人当然可以成为高级公职者。但一个人大学毕业或在高考中合格了，充其量不过是勉强成为有可能性的小苗罢了。

子曰："苗而不秀者有矣夫！秀而不实者有矣夫！"（《论语·子罕》22）

一个人在年幼时比同龄人的学习成绩好，不代表一辈子都比别人强，那种判断是无视人类本质的表现。所以，只凭毕业的大学或高考

---

① 강형기(姜莹基)：「혁신과 진단」，한국지방자치경영연구소1997。

成绩一项就决定未来人生的一切，这种人事体系不符合人类本质或自然规律，因为，这就像是苗圃地里不能判定果实的等级一样。

到目前为止，除极其特殊情况以外，韩国的公务员只能在一个部处出人头地，所以，公务员自然与自己所属的部处结成了命运共同体，而部处的利益要先于国家利益。这就垒起了割据主义的城墙，构建起了共同化的集团防卫体系。在这种情况下，自 2004 年 3 月开始，韩国试行了新的人事制度，即中央部处的局长级 22 个职位与其他部处相调换，9 个部处的局长职位经公开招募，10 个位置全部由其他部处人员提拔而来。部处间的人事交流与职位公开招募，引起前所未有的划时代的变化。正如所期待的，在其他部处的工作经验，开阔了公职者的视野，取得便于广交人脉的效果。

但观察过去两年①的过程，孑身一人②派遣制度的缺陷也凸显了出来，那就是部下们不愿意与短暂停留的上司共享必要的信息。要想在陌生的环境中工作，需要具备以文化领导组织的专业能力，但由于缺乏专业性，掌握并统辖命令系统也存在根本性的局限。于是，政府为了解决部处间人事交流出现的问题，想要运营"高级公务员团"制度。问题是，高级公务员团制度中也暗藏着专业性不足的问题。所以，人事与组织风气的所有问题，很难单靠一种制度来解决。

但是，上一次所进行的部处间人事交流，比起期待反而令人失望。由人事交流与职位招募选定的 31 人中，除 1 人外，其他所有人都是考试出身。要在各部处选出工作优秀的人，结果选中的只能是考试出身

---

① 此书初版发行于 2006 年。——译者

② "孑然一人"形容一个人孤单。用来描述韩国的派遣制度，类似于我国的异地交流，只有首长一人到另一机构工作。——译者

的人，这更是一种问题。多样且急剧变化的社会问题需要用多样化的思考来解决。公务员容易沉浸在固定化的公务员社会之中，政府要职不能只由以公务员的眼光看待社会的人担任。所以，在只有考试出身者占有政府要职的风气下，也要厉行非考试出身者也能担任重要职位的改革。

超迁与久任

人事行政该解决的另一重要课题是培养专业性。与韩国公务员进行1个小时左右的谈话，会发现他们是无所不知的人；如果进行2个小时左右的谈话，又会觉得他们是无知的人。这是由于过于频繁地变更职务所致。韩国中央人事委员会2001年12月到2004年4月的调查结果显示，韩国中央部处科长级以上职位的平均任职期限为1年2个月零25天。频繁的人事变动不能培养公务员的专业性。

朝鲜宣祖六年十月，栗谷先生担心国家得不到应有的治理，建议国王要发奋改革政府的人事制度。①

> 近观天时人事，日渐乖舛，天变叠见，狃而不惧，纪纲松弛，人心涣散，将无以为国。我国之事诚难为也。欲改一弊，又生一弊，弊不能革，反添其害，可谓不能措手足矣。有由然矣。纪纲不立，人心解弛。官不择人，苟充者多，徒知餔啜，不念国事。革弊之令一下，先怀厌惮之心。非徒不能奉承，又故令生弊，此所以绩用不成也。

---

① 민족문화추진회（民族文化促进会）편：「石潭日記」，솔1998。

今者公不能胜私，正不能胜邪，纪纲何由以立乎？纪纲不立，则沿道无由可成。纪纲之立亦不可以威令制也。纪纲不可以法令刑罚强立之也。朝政善善恶恶，得其公正，私情不行。好恶是非一循天则，整然不紊，则纪纲立矣。

世道衰微，纷纷士子只知科举为身之路。彼第一人物必不屑屑于此科举，用人乃叔季之习也。岂盛之事乎？或疑出未出身者为台官，则不好者混进。此则不然。若公论大行，则此等必选其人矣。若公论不行，则文士亦多有不善者居要地矣。其时用人不拘常例。任贤使能，各当其才。故贤不肖分定。

宣祖八年六月，栗谷再次进谏。

殿下若亲政，则当用超迁久任大法。诚欲为治，当用此法。世宗用人以此法，故其时庶绩咸谐。今之官爵朝吏夕变，有同儿童戏百事，不可做矣。

超迁指不依年功序列提拔人才，久任指长期任职于一个职位。二战时期，美国总统罗斯福越过 22 名少将和 8 名中将，突然将陆军准将乔治·马歇尔提拔为上将军衔的陆军总参谋长。朝鲜明宗将只有 3 年资历的赵光祖提拔为大提学。无能的国王宣祖也是通过超迁的人事，解救国家于危难之中的。1591 年 2 月，壬辰倭乱（1592 年）发生的前一年，宣祖将一年前还只是少领级别的井邑县县监李舜臣提拔为海军少将级别的全罗军节度使，结果壬辰年倭乱时成功抵御了南海边防。

但是，宣祖任用李舜臣将军虽做到了超迁，但没做到久任。以元均为首的庶人党对其加以陷害，使其被罢官入狱，后来虽布衣从军，但他的才干最终没能得到完全的发挥。左议政李德馨上奏说，丁酉年(1597年)若未罢免李舜臣水军统制使一职，也就不会有丁酉再乱。①

至今韩国仍未能实现栗谷先生向宣祖建议的“超迁”与“久任”，而且到目前为止还维持着上个世纪末的制度，生产着大量的书记型公务员。面对混沌的社会，首先寻找权宜之举，所以只要求那些目光短浅的小计策，排斥高瞻远瞩的大计谋。但为谋求真正的发展，要任用那些目光高远，理想远大的人才，实践超迁与久任的人事。

① 조선왕조실록，http://sillok.history.go.kr。

第 19 章　未雨绸缪

乌云密布才抬头望天，雨滴落下才抬头望天。越是遗忘晴天的人，越认为是乌云夺走了晴天。夺走晴天的不是乌云，而是不理睬晴天的心。所以我们想要幸福，平时就要自行创造能够幸福的条件，为幸福而努力。要懂得未雨绸缪。

意识支配知识

《诗》云："迨天之未阴雨，彻彼桑土，绸缪牖户。今女下民，或敢侮予！"（《诗经·豳风·鸱鸮》）

孔子对这首诗评价说："为此诗者，其知道乎！能治其国家，谁敢侮之？"（《孟子·公孙丑上》4）

如同猝死其实不是突然发生的一样，危机也不是突然产生的，危机是原因一点点积累而成的。所以老子说：

天下难事必作于易。天下大事必作于细。（《道德经》63）

大部分的大事故在发生之初规模并不大，大灾难在发生之前一定有小征兆。

故君子有终身之忧,而无一朝之患。(《礼记·檀弓上》9)[①]

没有大灾难就不正式应对,这种弊端反而会酿成大灾难。正像飞机事故起因于微小的过失,大部分大灾难并不开始于大问题。海因里希(H. W. Heinrich)经过统计指出,在一起重大人员伤亡事故背后,必有29起类似的轻微人员伤亡事故,29起事故背后还发生过300起潜在的不构成生命伤害的异常事件。这个1∶29∶300法则暗示我们,为了预防一次重大事故,要将其背后的29次轻微事故尽量减少28次,同时为此要把300次异常事件减少将近300次。[②]

在一起给组织带来信任危机的大型事故发生之前,有29起轻微的不祥之事会显露出来。而且,在这29起事件显露出来之前,在外部会发生300起没有显露出来的不祥之事。所以,为了预防一起大型事故的发生,要尽可能地减少300起的不详之事。预防大型事故的重点并不在于慎重处理大的、决定性的事件,而是要让所有职员对日常的小事也持有危机意识。

在危机管理中意识支配知识。如果没有安全驾驶的意识,即使懂得交通安全法,了解汽车的构造,也难以避免遭遇事故。若要收集有关危机管理的报告,也许能收集一大车之多,但无论知识多么渊博,如果没有意识,那些报告不过是一车写有文字的"货物"。

共享危机意识的组织不会有危机发生,因为尽早发现了危机的苗头,努力防患于未然。知识一旦习得就可以一直存续下去,但意识会随着时间的推移而逐渐淡化。例如,因为某种契机而产生过危机意识,过了半年,意识逐渐淡化;过了一年,就会完全忘记了为何会产生

① 杨天宇:《礼记译注》上,上海古籍出版社2004年版,第57页。——译者

② [日]田中正博:『自治体の危機管理』,時事通信社2003。

危机意识。问题是，危机总是在人们忘记危机意识时找上门来，所以要周期性地进行有关危机的教育。

危机意识具体指的是什么？指产生“不觉得有点奇怪吗？”“真的这样就足够了吗？”等类似想法。长期没有联系的人突然造访，并给予很多好处，想都没想就接受了，结果卷入了受贿风波。这是“就这点儿算啥？”之类过分的自信和麻木不仁所造成的。大部分因受贿或贪污而毁掉人生的公务员都缺乏这种意识。

在表现突出的一流企业里，其职员都是共享危机意识的。三星电子与 LG 电子一直占据一流企业的位置不是偶然的，他们的全体职员都共享稍微骄傲就会沦落到二流三流，稍微懒惰马上就会被淘汰的危机意识。当然对于所属公司或组织的危机，认识的程度会根据人与职位的不同而不同。但越是注重环境变化的组织，其成员越能共享危机意识，所以可以采取统一的应对对策，并加以落实。所谓一流组织就是共享危机意识，并一起应对的组织。

组织陷入危机时

与个人一样，组织陷入危机的原因也有内因与外因，其中内因可起到增大或引发外因的作用。内因大体上可归纳为以下三种类型。①

第一，缺乏危机意识所导致的危机。经常以“不会有事的”、“怎样都行”、“家常便饭的事”等的态度将问题搪塞过去，即因“引发危机的三种心理”而引发危机。

第二，干部职员的本位主义与自保主义点燃了危机之火。组织内

① ［日］田中正博:『自治体の危機管理』,時事通信社 2003。

管理者的作用如同十字路口的信号灯，将各种信息按红、黄、绿三种颜色加以分类并通过。但管理者这个信号器倾向于将对自己有利的信号向上级传递，切断对自己不利的信号。部下闯祸时搪塞对付过去，也属于这一类。但是，这种行为如果积累下去，会发生难以想象的问题。上司掩盖部下的错误是因为怕“减分主义的人事评价”对己不利。坏消息就像装在兜里的锥子，虽不知何时但早晚会露出来。时间一久，会造成更大的问题，结果要接受更重的惩罚。如果上级参与到掩盖失误之中，就会变成组织整体的问题，从而可能导致总体性的危机。

第三，有问题也难以指责的职场风气助长危机。组织中做事的人比起与上司或同事交恶，更希望与之维持友好关系，所以有问题也装作没听见、没看到。但明明有问题而不说“不”，早晚会因内部的揭发而曝光。如果因内部揭发而曝光，则其组织的社会信任度与形象会大幅下滑。

使公共组织丧失公信力最常见的原因是职员的舞弊和腐败行为。无论过去还是现在，防止舞弊与腐败都是危机管理的根本所在。所以，大部分组织都以明文形式公开了责罚，通过法律规定、商谈系统以及内部检举等制度化规定，抑制不正当行为。组织成员因不知道自己的行为违法而舞弊腐败的情况几乎没有，所以抑制不法行为又有一种重要制度，就是心理上的规制。所谓心理规制指一方面用伦理道德号召，另一方面要让成员意识到“任何时候都有人在盯着”、“正在给别人把柄”。像这样，为了防止腐败行为的发生，不仅要使相关的法律和制度知识众所周知，还要重视启发成员们的自我意识。

天灾可挡，人祸难防

《太甲》曰："天作孽，犹可违；自作孽，不可活。"(《孟子·公孙丑上》4)

天灾可挡，人祸难防。孟子引经据典地启发我们要有备无患，这里最重要的事实是祸福不在天而在已。祸福在已是什么意思？指根据自己防备的态度不同，祸与福的结果也不同。为了不让危机发生，应尽早发现危机的征兆，并在萌芽状态中加以铲除。因此，为了防止事故(灾害)的发生，要了解事故发生的动因以怎样的机制展开，哪里会受害，要以怎样的对策应对。着眼于"了解灾害"、"了解弱点"、"建立对策"三个基本点，以便激发想象力。

例如，如果不能想象在自己所属地域或组织可能发生什么灾害，则不可能谋划任何对策。所有的地方自治团体都制订"防灾基本计划"，并每年加以修订的理由就在于此。迄今为止，韩国一直都在强调对自然灾害和伴随发生之危机管理的应对方案，但最近除了自然灾害之外，还有无数的人为灾害正在频繁发生。特别是在20世纪80年代急剧的城市化过程中，粗制滥造的豆腐渣工程所构成的城市基础设施寿命殆尽，预告着巨大灾难的发生。目前，我们正处于由公共设施的老化可能带来巨大灾难的时点上。

不仅如此，当今人为灾害呈现出连锁、复杂的形态，给社会造成极大的不安，严重威胁着市民的生活。而且更加严重的问题是，这种人为灾害与危机已成为慢性顽疾，人们对于危险已不再敏感。文明发达的现代社会同时也是大型灾难发生的可能性很高的危险社会，所以，为了在安全的城市中安定地生活，我们应提前把握以自然灾害为首的多种突发事件的征兆，采取相应的对策。对于食品污染、环境恶化、重大犯罪、传染病、信息通讯系统干扰、交通瘫痪、建筑物倒塌等威胁市民生存的无数危机，要充满智慧地去应对。

换言之，城市行政的全部应是站在市民生活的安全、放心及危机管理的角度，为了检查和做出必要的改善而倾注一切力量。所以，减少向来存在的自然灾害毋庸分说，防灾行政还要站在更广阔的视角检查危机事项，制定综合性的应对方案。所谓危机指预想不到的事件突然发生，没有充分的时间和信息去应对的状态。危机管理是指假定不该发生的事情发生，在没有时间、没有信息的情况下制定决议体系、领导力及应对体系。

生活在现代社会的我们，随时都要将预想中的危机加以分类，整理出应对危机发生的事前、事中、事后的方案。对于预想之外的危机，需要跨越行政部门之间的责任推诿或权力纷争。为了迅速高效地应对危机，事先就要明确责任与权力。在没有时间和信息的情况下，事先要确定由谁应对，怎样应对。

但是，在危机状态下领导力的缺失，是韩国行政中存在的致命缺陷。每年必定无误地发生的自然灾害与残酷的受害相连的原因，就在于人祸盘踞在那里。其中由于人祸而引起的自然灾害的大部分，是由于责任意识的缺失造成的。尽管那样，韩国每年在相同的时间内遭受相同的灾难，重复着完全相同的反省。像这样，我们摆脱不了因自己的错误而酿成的灾难。

危机管理系统与现场领导力

危机管理即使定了万全之计，还会发生事故和不祥之事。所以，重要的是在现实中发生危机时迅速应对，将损失降到最低，构建恢复到原来状态的应对体系。危机管理体系指对准备(Preparedness)、应对(Response)、恢复(Recovery)、预防(Mitigation)不断思考与实践的体系。同时，需要福利、防灾、消防、警察等部门各自领域相互联系起来，构筑一个确保老年人安全和安心的体系。各个部门间横向协助和应对，共同面对问题以更加有效地应对多种危机。

灾害发生时最重要的是在危机现场指挥命令系统发挥合适的功能。在韩国的行政体制中，一般行政、警察行政、消防行政、教育行政等分别存在，所以不可能迅速而综合地应对。特别是其中的警察与消防行政都隶属于基础地方自治团体之外，这给信息的收集与共享以及情况控制带来了很大的难度，对履行综合防灾行政带来致命的局限性。这等于地方自治团体的领导没有确保地方防灾的领导能力。

我们应该向英国多学习，因为他们对于意料之外的危机，事故发生现场的应对非常有效。英国通过危机管理的分权化，在危机现场迅速应对危机。例如，伦敦市在民间、官方融为一体的危机应对机关参与的危机恢复论坛中，建立了战略性危机管理计划，成立了精确地实践计划的战略调节集团，而且圆满地启动了有关机关的协调运作和互助体制，进行着全方位、体系化的危机管理。中央政府的危机管理机构除了负责国家级灾难，还起着支援地方政府的作用。[1]

危机管理是与时间的战争。召集会议、听取意见、为“共同无责任”而商议步骤、顾及舆论等都需要占用一定的时间，都需要迅速做出决断。为此要设置信息搜集的一元化体系，简化决议步骤。而且为了迅速地执行决议内容，要广泛授权，进行一元化的指挥和命令。所以整合危机管理方案非常重要，它可使地域全体共有问题，最大限度地利用地域资源，最大效率地应对危机。

韩国国民有将信息私有化的倾向。信息私有化就是将信息隐藏起来，隐藏信息的特性在行政部门尤其根深蒂固。各机关有一种恶习，即意欲将自己获取的信息垄断使用，尽量不让其他机关或一般市民知道，这是一种恶习。所有的危机管理都应由信息共享开始。信息共享是共同应对的出发点，因为共同应对只有在信息共享的情况下才得以实现。信息共享在平时就有提高社会效率的作用，特别是处于危机时，在平时的延长线上能够扩大应对的范围。不仅如此，信息共享还可将危机防患于未然，减轻损失。

现代城市社会为了应对地震等自然灾害以及石油泄漏、二恶英、急性传染病等，不仅地域内部要相互联系和合作，地方自治团体之间的相互联系和合作也很重要。不但基础自治团体与广域自治团体、地方自治团体与国家机关之间的联系重要，相邻地方自治团体之间的联系也很重要。由于相距较远，不会同时经历同一灾难的地方自治团体之间也有必要相互签订协议以互相帮助。

---

① 삼성경제연구소(三星经济研究所)：「영국에서 배우는 위기관리」，CEO Information，2005。

公职者的护民官精神与市民意识

如今韩国市民社会的很多问题需要通过国家与地方合作才能解决。但不只是国家的领导力在危机现场得以发挥的体系微弱，在现场的地方自治团体首长的作用也很模糊，所以要明确分担国家与地方的作用。这种作用分担的前提是：发生重大灾难时，保护国民的生命和财产的任务属于国家事务，具体履行此任务的中心是地方自治团体首长。危机管理体系应以地方自治团体为中心进行分权，以提高现场的应对能力。

但无论制度上的作用分担做得多么好，也不能应对所有的灾难，灾害的发生与制度无关。所以与制度同等重要的是危机管理中领头人的护民官精神，立足于护民官精神处理事务，可以克服制度上的缺陷。所以在政府组织中工作的所有公务员，面对危机时，都要习得必要的急救技能，锻炼作为护民官的基本素质。作为护民官的代表，地方自治团体首长要通过职员全体的护民官化，越过制度的壁垒，谋求体系上的管理。

危机潜伏在市民的日常生活之中，当危机扩大时，市民抵御危机的积极作用也很重要。超越想象的多种危机的所有责任不能都归于行政，再说我们生活在行政不能承担所有的责任的社会。所以，生活在城市里的市民要意识到自己面对着许多危机，有必要基于“自己的生命要由自己来保卫”这一危机管理出发点采取行动。危机管理不仅要有专家或政府，也是所有人平时都该做的事。如今，更加有必要在个人、家庭、地域社会、企业、信息网络等日常生活层面上构建自主性、主体性的危机管理系统。

韩国国民每年都反复经历巨大的自然灾害和可以克服的众多人为灾害，但过一段时间后，记忆就开始风化而变得不敏感，甚至对安全没有了感觉。大灾难过后就忘得一干二净的“安全无感症”，不只限于公务员，在市民身上表现得更加严重。尤其是韩国的城市并不是由一个又一个自律的人建立起来的成熟的市民的共同体，所以在危机管理中我们的另一个弱点是因共同体解体而导致的连带意识丧失。

在长期的灾难应对过程中，为了确定生活的安全，共同体的连带关系是必要条件。只有当每一个居民都具有自己的生命由自己保卫的自助精神时，才能造就所有人共同保卫的互助型城市。而且当城市的每一位成员都具有问题意识，与周围的人联合起来，主体地应对时，地方自治团体或公共机关出面的公助才能发挥力量。所以，韩国市民社会的形成与社区再生本身，就是城市危机管理的最大主题。

对于现代社会的危机管理来说，地域共同体的再生与市民团体的活跃化非常重要，除此之外还有若干理由。即使制订了再出色的防灾计划，如果居民不了解其内容与重要性，不参与进来，也没有多大意义。因此，危机管理要与企业家或市民一起考虑和实践才成。为此要通过市民参与，制订防灾计划，有必要使市民一起感受安全和安心的必要性，并加以实践。例如，繁华街区、地下商铺、电影院、活动大厅、百货商店等众人聚集的场地与建筑物，从设计阶段开始，就要确保相关者安全与安心的要素，这也是市民参与的方法之一。

像这样，城市防灾应在由市民、企业家、地方自治团体与中央政府发挥和完善各自的作用中加以应对。为此像日本神户市一样制定《市民安全条例》，或明确危机相关的基本事项与方针，有必要完备自治立法。

晴天时仰望天空

孟子曰："入则无法家拂士，出则无敌国外患者，国恒亡。然后知生于忧患而死于安乐也。"(《孟子·告子下》15)

人越是安乐，越要警惕现实，为未来做准备。历史上，看一个优越强大的文明繁盛期时，似乎觉得其文明永恒，但强大的文明从产生细微的裂痕开始，渐渐衰弱下去，以至走向灭亡，这便是历史的记录。究竟是怎样的原因让曾经强大的文明走向灭亡之路呢？究其原因可以发现，人类的成功之中埋藏着衰败的种子。人类在富饶之中变得傲慢，在无忧虑之中变得软弱，从而走向衰亡之路。老子说得非常凝练：

祸兮，福所倚，福兮，祸所伏。(《道德经》58)①

艺术领域亦并无二致。某个艺术流派发展成熟以后，就会走向衰落。因为一个流派臻于完备，后辈艺术家就再也无法在该流派创造出更优秀的作品，大众也对此不再期待更优秀的作品。任何时代，长期存续的体制或组织，无一例外地因体制与腐败产生各种无法言喻的矛盾，从而走上邪路。这样一来，社会的另一面为了纠正其作风，产生呼吁改革的势力。

但改革不是一朝一夕就可以达成的，改革取得成功与否要看时机是否合适。我们周围既有只顾眼前问题的人，也有只顾及未来而无视眼前危机的人。像这样片面地考虑问题的人不能委以重任。当然人们都倾向于从优先解决的事着手，称之曰先解决当务之急，但将来的

---

① 黄元吉：《道德经注释》，中华书局 2010 年版，第 33 页。——译者

对策与眼前的问题同样重要。没有长期的展望，只急于处理眼前的事，不久就会迷失方向。在看到利益时还要想到损失，在梦想成功时也要考虑失败。

九重宫阙的围墙再高大，地基若只是碎石，早晚会倒塌。所以越是身居高位的人，越要重视下面的基础。成功之人的特征之一就是懂得考虑问题正反两面，能够深谋远虑。晴天也有下雨的可能，只有这样考虑问题的人，才有资格享受晴天的快乐。失败者的特点是主观、片面、表面地看待社会，无论到哪里，都不看清周围的状况。不考虑问题的本质与整体做出决定，结果只会导致失败。

唐太宗的高参魏徵说：

君之所以明者，兼听也；其所以暗者，偏信也。（《贞观政要·君道》2）

主观、片面、表面地认知问题和把握问题，只会是搬起石头砸自己的脚。只见树木，不见树林，则越不过高山。

所以孔子说："人无远虑，必有近忧。"（《论语·卫灵公》12）

第 20 章　政治的本分是起业①

将世界上所有的政治思想概括为一句话，那就是"安居乐业"。政治的基本课题是使百姓平安地过日子，快乐地工作。其中最重要的是温饱问题。让百姓吃饱穿暖，才是领导者、才是君主。

百姓温饱可称王

政治的基本职责是创造工作岗位，以及国民有干劲工作的环境。让国民安居乐业的人，才是最出色的领导者。

子适卫，冉有仆。子曰："庶矣哉！"冉有曰："既庶矣，又何加焉？"曰："富之。"曰："既富矣，又何加焉？"曰："教之。"(《论语·子路》9)

---

① 本书作者姜莹基教授认为，对于政府与政治家来说，"起业"是最重要的课题。这里的"业"(karma)不单是指职业或是商业，而是指不得不服从的自身的性格与宿命。就算得不到他人的理解和认同，就算自己也认为是愚蠢的行为，但自己无法抗拒而只能正直地依命令行事，这就是"业"。人要想幸福就要与自己进行对话，重要的是自己是否悦纳了自己。企业是商业世界中经营事业的主体，所以行政人员和政治家不是企业家。企业家可以成为政治家，但政治家不能等同于企业家。"起业"就是指让"业"起来。政府的"起业"是使国民百姓获得谋生职业，支持国民百姓创业。如果经世济民的政治是使人民富强，那么政府的使命便是"起业"，为此就要有"起业行政"的体制。所以政治家与行政要站在"起业家"的立场上思考和行动。——译者

齐宣王向孟子请教:作为国王最基本的任务是什么?孟子回答说首先要安定民心。

孟子曰:"无恒产而有恒心者,惟士为能。若民,则无恒产,因无恒心。苟无恒心,放辟,邪侈,无不为已。及陷于罪,然后从而刑之,是罔民也。"(《孟子·梁惠王上》7)

孟子继续说道:是故明君制民之产,必使仰足以事父母,俯足以畜妻子,乐岁终身饱,凶年免于死亡;然后驱而之善,故民之从之也轻。(《孟子·梁惠王上》7)

孔子也好,孟子也罢,都认为吃是首要的事,教是其次的事。百姓辛辛苦苦地干一整年,还填不饱肚子;拼死拼活地干,还负债累累,这样的话是不可能讲礼仪、学文化的。民生涂炭,失去恒心,因贫穷而妻离子散,很难讲道德、守礼节。所以,朝鲜世宗大王说:"百姓以食为天。"

因此,孟子说百姓生灵涂炭就难守礼俗,强调领导者要履行自己的根本职责。国民安居乐业,才会对组织和公司产生好感。解决了温饱问题,文化教育才可能发展。有"恒产"才会有"恒心"。

经世济民的政治

让百姓有恒产,生活安定,教百姓孝道与友爱之礼仪,确立人生之路,建设有秩序的社会,是孔孟都强调过的政治的根本。生活安定与教育普及,即耕耘文化就是政治的作用。孔孟指明了作为政治家的正确姿态是为百姓谋求高水平的文化生活。但这个任务为何如此困难?

人类社会的起伏在经济中尤为明显,一时的景气的条件也可能成为不景气的原因。国际性的经济调整也可使一国的经济发生动荡。以低工资、政府主导的劳动密集型产业作为增长动力的韩国经济，由于中国等的崛起而动力下滑。高地价、高房租、高工资、社会资本不足、城市功能低下、交通混乱等都可以作为国际性价格的比较因素，这种比较正引起产业的国际转移。当前正是国际性调整的时代。

我们生活在立足本地看东亚和世界，以世界的眼光看韩国、看本地的时代。用世界的眼光看，如今韩国的地区经济要勇于进行急切的结构转变。人工成本上升等经营条件恶化引起企业的海外投资和进口增加、工厂的海外转移逐渐增多。工厂的海外转移造成地区产业的空洞化，加重了就业难，使地区经济更加恶化。对这种状况的放任，更加速了地区的衰退。

当然，为了使地区经济活跃起来，行政做出了很大的努力，但经济的振兴绝不是一朝一夕就可以完成的。即使根据可行的计划有体系地努力，最少也需要 10 年。但尽管许多地方自治团体声称为活跃经济而倾注了所有力量，也几乎未见哪个地方自治团体有地区特色型产业政策，也几乎未见相关的公务员用广阔的视野去了解和掌握经济形势的动向，把握地区产业的实况。

大部分地方自治团体只履行着在全国各地都可以看到的千篇一律的融资、投资谈判业务而已，未能促成以地域实情为基础的缜密的应对的方策。在这种情况下，即使制定了振兴地区经济的长期愿景也无法实现。

一直以来，创办新的企业、提供就业岗位主要由民间发挥作用。但现在，创造就业机会也应是行政部门要负责的重要任务。地方自治团体有效利用地域资源，创造新岗位，是赋予行政的时代性使命。那么在今天这种激变的经济状况下，有可能创造出新的工作岗位吗？

站在现在的延长线上观察现象并思考，韩国社会看起来再也没有可开发的余地和领域了。但如果用新视角和新感觉直面现实，可发现我们尚未触及的领域还有很多。只要有用未来的视角透视现实的眼睛，就会发现激变的时代提供了创造新职业和新产业的机遇。但立足于蹈常袭故的想法看不到新的机会，这是最大的问题。

起业行政的时代

在韩国，地方自治团体的行政行为是指资源与预算的运用，即有效地消化预算。与其说是经营，不如说是运营。但从地区主权的观点上看，地方自治团体所开展的事业，应是增长地区资源与经济实力的经营活动。现在地方自治团体要从消费资源与财政的运营为主，转变成为以资源与财政的增值为目的的经营为主，而且这种经营体系的主要使命是“起”“业”。创造就业岗位，国民可以在其工作岗位乐于工作，造就这样的环境才是政府的基本任务。所以行政的本分在于起业，公务员的基本任务是履行起业家的任务。

起业的方法多种多样，谋求地缘产业的技术改善也是其中之一。利用目前还未利用的地域资源，使之产业化也很重要。投资者与企业家以及研究者与开发者互相联系，创造新的就业岗位也很有必要。新兴企业与现有企业互相联系也很重要。从外部吸引企业进入本地，对本地现有的企业产生广泛的连锁互动效果，能使吸引企业的效果更好。实际上比吸引外部企业更重要的是培养和激活现有的中小企业。

想要吸引企业的人每天早晨习惯上必做的事情是阅读经济类报

纸，阅读报纸时要浏览只有10行左右的短篇报道，这是为了快速捕捉企业的生产扩大或有关新项目的信息。获取扩大生产方面的信息后，要明确是现有工厂的扩大还是新工厂的建设。已经确定的项目无需帮助，但还没确定或打算建设新工厂时一定要迅速前往并与之交涉。

担任引进投资的公务员看到报道后迅速前去拜访公司，也很难从负责人口中得到全部信息。如果就这样放弃，更不可能有什么进展。持续几天寻找有关人员，等到传出扩建工厂的信息之后，立即报告给地方自治团体首长。首长与公司董事长直接见面的话，业务就会得以开始。然后将企业代表引到现场，让他感觉现场的热烈氛围。这时引进企业的可能性会加大。

为了引进企业需要访问外部企业，但首先要从访问本地企业开始。如果未曾经常访问本地的企业，也未曾为解决他们的困难而努力过，去外地吸引新企业的人的诚意会受怀疑，自行碰到局限。地方自治团体的公务员了解本地企业的难处，并为解决其难题一起努力，行政与企业之间就会形成互信关系。这种信任关系成为为了地区产业的振兴，使行政与中小企业共同操作具有可能性的基础。

一切通向起业

实现大量生产、大量消费的重化学工业的时代正在落下帷幕。通过实现大量生产、大量消费充分满足社会生存必不可少的基础要求后，人们想追求更加清洁美丽、优雅的产业。随着消费需求多样化，以大生产体系为基础的社会已谢幕，开始了应对多样化需求的“多品种少生产”的体系。

目前正在进展着的信息化，为促进各地域的个性化产业提供了充足的条件。以前都不得不依附于大型企业或全国性的流通体系，往后则未必这样，因为小企业也可以靠自己的力量打开销路，让企业成长起来。所以，将来想要振兴地区经济，最重要的是营造可用小资本创业的环境。

一个国家或一个地域的职能与技术，只有经过想要独立创业的年轻企业家的拼死努力，才能得到大的增进。如熊彼特（J. A. Schumpeter）所说，新兴产业的承担者是新人，是新造就的企业。但置身于市场经济的年轻工薪阶层很难独自筹措创业资金，所以，为了鼓励创业，行政要启动起业支援体系。但由地方自治团体独立开展支援创业的起业行政不是一件容易的事情。单纯的提供补贴，以低廉的价格租赁建筑物并不能使其创业，使他掌握并实践企业运营的专有技术也很重要，因此，应具备对其积极进行技术、经营、营业支援的体系。

活跃地域经济并非只靠经济投资就能促成，如果能使地区内有能力的人积聚到一起，让地域经济得到发展并不难。如今地区内的人们聚集到一起的理由也变了：在工业社会，人们随生产功能的集结而集结，也为这些人积累了生活功能；但是在知识社会里生产功能集结于生活功能良好的地区，在生活功能良好的社会里积聚着优秀的人才，这种人才自然而然地造就知识集约型产业。

因此，地区发展的钥匙取决于在该地区能否过得上像样的生活，也就是说取决于促成有文化氛围和良好环境的地域。活跃地域经济不只努力于经济方面，也要在文化环境、福利方面加以努力才有可能。这样看来，行政的所有活动就是为起业而起作用的起业行政，公务员的基本任务是履行作为起业家的课题。

第21章　革新是使生命永续之路

革新，就好似随季节变换外衣，是永续存在的基础性活动。进行革新好比我们身上的细胞不断交替，可以使生命永续。人和行政一样。好比身体的细胞交替，行政的基因也要交替。环境发生变化，应对的办法也随之改变；目标变了，手段也要改变。

祈祷崭新的心情

汤之《盘铭》曰："苟日新，日日新，又日新。"（《礼记·大学》）

这是殷商汤王洗脸盆上的一句铭文，是用来警戒和自勉的。每天早晨正像洗掉自己身上的污垢一样，洗刷精神上的污垢，以努力自我更新。汤王的自警箴言告诉我们，洗心革面要像洗刷身体一样天天做到。引申为精神上的洗礼、品德上的修炼、思想上的改造要天天进行，持之以恒。只有领导者弃旧图新，追随者才能弃旧图新，继而组织全体的文化也会日新月异，能够接受新时代的命令和响应时代的召唤。

从古至今，人们都乐于固守旧观念而排斥新事物。有些人会固守旧俗陋习，与之相反，也有一些人只是批判当头，比起解决问题的办法更热衷力于捅破问题。但是，为了拥有有希望的未来，我们应该同时克服这两种极端。

栗谷先生曾经对于当时不接受新思想,只墨守成规的世态,感叹说:穷则变,变则通。今穷而不变,我不知奈何。①

由此可见,改革并不是现在才有的难题,穷而不变也不只是存在于公务员群体之中。尤其在人心不纯的今天,对错误习以为常的人,开创和接受新事物是极其困难的。现在我们需要应对的是从根本上变化了的新环境,所以不能用现有的方法去迎接未来,因为在模式本身业已发生变化的情况下,需要从根本上重新构思。如今政府的经营也要像商业界一样,需要打破固定观念之框架,从事实出发,崭新应对。追求的不是更好而是更新。如果不能新之又新,天天维新,我们就没有未来。

政府组织突出地表现出用过去的系统迎接未来。政府有这样一种属性,即使特定制度是无效率的,政府也不想去改善,反而趋于更加强化,"自我强化之力"在运行。政府组织具有这种属性原因如下:

第一,从组织成员的个人立场上看,除特殊情况以外,比起变换旧的框框,适应旧的框框更加容易。在这一过程中产生得到非效率制度之好处的集体或组织,而且由他们开始采用该制度,则改变旧的框框就更难了。

第二,如果一个社会开始按照特定轨道运行,那么在那里活动之人的组织学习、文化习惯、社会意识形态等也会按照制度所设定的轨道运行,基准的路线会更加固定不变。②

---

① 出自《栗谷全书》,转引自민족문화추진회(民族文化促进会)편:「石潭日记」,솔1998。

② 转引自 Robert D. Putnam, *Making Democracy Work*, New Jersey: Princeton University Press, 1992, pp. 179-180。

为适应时代潮流的发展，政府组织也好，民间组织也罢，需要有意识地引导系统向期望的方向变化。特别是在21世纪的今天，地方政府作为新的舵手，需要实现体制改善，以便代替中央政府的作用。在这种情况下，虽然市民要求更换“菜单”，但地方政府只是换“配料”，不能把这硬说成是新的东西。不能治标不治本。

今天的古典是昨日的革新

纵观历史，我们今天认为的典型也是过去的革新，今天的古典是昨日的革新。下面通过韩国地方自治团体的作用变化来观察一下这种情况。

建立政府以后，直到新村运动开始以前，韩国地方行政机关是向下的统治机构。当时韩国的行政最主要的业务是为国家建设构建法律秩序，以引导国民。为了建立纲纪和秩序实行“规制行政”，引导国民遵守法律。履行这种目标的地方行政机关充当国家自上而下的统治机构是可以的。在这样的体制下，公务员认为行政机关所拥有的信息不需要告知群众，群众也没必要了解相关信息。国民只要遵纪守法就可以了。

结果是显而易见的，这样的公务员在遇到问题的时候几乎不会勘察现场。公务员和居民的关系就像是垄断企业和消费者的关系，也像是施惠者与受惠者之间的关系。而有关居民参与、居民便利等命题，甚至连概念都没有想过。

随着新村运动的开始，地方行政的性质引起了根本的改变，地方行政机关成为执行中央各部处下达之政策的“执行机构”。以韩国现代化为命题，由国家向各地方下达了应该达到的政策目标。地方公务员的基本业务就是按照中央下达的指令、命令、通报、指示，制定相应的对策，然后依照对策指导和管理民众，跟随对策就可以了。

结果，有能力的公务员就是将政府的政策向民众推行，并很好地管理民众的人。在这种体制下，所有的地方公务员都成了领导民众追随政府政策的领导者。直到不久以前，公务员几乎未曾到现场直接走访过群众，如今他们以“指导行政”的名义和管理群众的名义，为了进行“PR”（该躲避的躲避，该告知的告知）活动，开始去现场接触群众。

结果相当明显。由于统一种植了新品种水稻而粮食增产，使饥饿的社会避免了青黄不接的局面。提高了栗子树和桑树的所得，改良了灶坑、住宅，强有力地执行了计划生育政策等，这都受惠于公务员有效的“指导行政”。当时韩国的公务员就像搞独立运动一样工作，绑紧鞋带驰骋现场，当然，村子的面貌也开始随之改变。

设在新村运动领导者或村长家里的广播站一刻不闲，不时传出村长那熟悉的声音问“啊，啊，啊，听到麦克风的声音吗”，接着会说：“告诉村民一个好消息。”村书记的广播介绍成为村落一大新风景：“各位村民！在赶集之前一定要洒好农药，这次的农药是红瓶盖的农药。10升水兑两个瓶盖的量就可以了。”这充分反映了韩国当时文盲占多数的情况。

在“指导行政体制”下，韩国的市和郡都与其他地区争相比拼落实中央政策的速度与数量。如今，韩国各地方毫无自己的地方特色可言，不管到哪里都千篇一律，这就是当年推行指导行政的结果。因为，当时所有地方都在实施中央政策的速度和数量上争第一。这样的情况把我们的公务员造就成跟着指示、命令、通牒、训令运作的“书记型公务员”。我们的公务员可又快又正确地干好指使他干的事情，但很难养成独自构想新政策的能力。不是以现实、现场或现物，公务员以准则为根据作设想，一味地以为行政也就是将法规当成盾牌而已。公务员作为社会的领导者使我们渡过了饥饿的难关，也使韩国在全世界发展得最快。但是这样的行政同时又成为一种枷锁，使韩国难以得到个性化的发展。

1995 年，通过民选选出了地方自治团体的首长，韩国的地方行政终于成为“自治机构”，地方本身成为政策的主体。地方自治团体可自行制定固有的政策、形象、产品、条例、惯例，成为“政策的主体”。响应新的呼唤，地方公务员被要求心怀现实、亲临现场，直接解决具体课题。

随着地方自治时代的开始，要求公务员摆脱原来的“书记型公务员”的框框，要求脱胎成“制作人型的公务员”。正像电视剧的导演了解每一个演员一样，该地区的公务员应把握地区所需的必要资源，挖掘隐藏在本地区的人力资源、自然资源和物质资源。而且，如同制作人应利用可动员的所有资源制作出优秀的电视剧一样，公务员被要求开始创造出崭新的未来。如今公务员和行政以本地区和世界为舞台，成为具有新价值创造基础的制作人一样的公务员、制作人一样的行政。

这种转变让地方公务员受到莫大的冲击，因为结束了过去以领导者身份生活的人生，开始了想民众所想，行民众所行的新时期。这并不是全部。以“第一”(Number One)为最高道德目标的思维方式被否定了，让民众参与其中，追求与其他地方有差别的，即追求“唯一”(Only One)的时代来临了。面临这种变化，地方公务员的痛苦比想象得还要严重。

本来是管理民众的人，突然以民众为主体，并非易事。连顾客都未必是的民众，如今要奉为股东，也非易事。责令公务员解释自己为什么努力做某事，为什么把预算用于某事，公务员对此很难承受。公务员本来以根据中央方针管理和指导群众为主要任务，而如今让他制定解决现场问题的政策，更是难上加难。虽说理智上可以领会，但是行动上却仍被僵化的遗传因子所阻碍。

为了共鸣与共享的诊断

问题并未至此结束。如今韩国国民对行政的新职能寄予期望，下达了“创办并支援新事业”的企业型行政命令。想要成为一名为地区演绎出新的可能性，并编制出新项目的企业型公务员，首先要更换现有的“书记型公务员”的基因，这样才能打开企业行政的新时代。然而，想要脱去过去的外衣、适应新时代绝非易事。

总而言之，谁都会说革新既必要又必须。当说到行政革新的时候，把行政这个实体假设为单纯的事实，然后可以尽情地构想出合理的革新方向。不管财政革新，还是机构革新，理论上都可以站在自由和理想的立场指出问题。

但是革新并非像体制外所见那样简单。官僚系统及其所属的官僚的行为历来与法律体系、习惯、程序和利害关系等交织在一起，根深蒂固成为一种文化。尤其是，寄身于公共组织中的公务员有身份保障，即使没有市场经济理论上的费用意识、缴纳意识、竞争意识等，也不存在破产的危机感。

不仅如此，公务员无意中与自己所属的单位成为命运共同体，成员之间形成一种“共同体化”的裙带关系。在共同体化的组织中，比起追求组织的本来目标，更重视成员的私人目标，意欲尽可能消除内部竞争，所以出人头地的顺序取决于年功序列。比起客观业绩和实绩的成果，上司与同事的评价以及努力的姿态更成为评价的基准。

在这种氛围下，任何想要改变公务员之间长期共识的组织文化行为，都容易被视为使成员的既得利益崩溃的行为。即使总体上能接受变化与革新，但进入到具体问题就会受到彻底抵抗的原因也在于此。我们不能只侧重于“要改革和革新什么”，而应当考虑“怎样改革”。现实中的革新是在大量的抵抗和坚韧的说服过程中形成的。①

所谓说服，即具有其他意见的成员在逻辑上无法反对而只能跟随，所以是逻辑上的制服。但要在逻辑上制服，需要详细地知道有谁、用什么理由、用什么办法、对谁、怎样抵抗等等。革新不是做表面文章，也不是组建机构。革新是各成员对方向和内容的共鸣和共享，将之接纳为组织风土，孕育出别出心裁的革新胚胎，才有真正的意义。那么共鸣要怎样培植呢？这和养豆芽反复浇水一样，通过反复的教育来感化也是办法之一。通过晋升或提高福利，予以激励也是一个办法。

但这种手段不是随时都可以采用的，因此，有必要客观地诊断和提示问题所在，让组织成员做出自己说服自己的管理诊断。在多种理解和意见互相交错的组织社会里，让所有成员完全同意组织的决定几乎是不可能的，因此，应该通过共有未来的管理诊断来说服他们，这是开启革新之门的重要手段。

---

① 강형기(姜瑩基)：「관의논리 민의논리」，비봉출판사 1998。

创造性破坏的循环

革新、革新、再革新。在革新时髦的年代,只要提到革新,就会令人毛骨悚然,产生革新疲劳症。所谓革新是"以富有弹性和效率的心情应对新课题,并以此为基础构筑有生机的系统"。革新并非忍住痛苦,减少利益,革新是让所有成员共有光明而美好的希望。①

为什么只要听到"革新"两个字就会泄气呢?那是因为被强行革新而革新的结果。每次政权交替,就改头换面地抬出刷新、改革、革新等口号,强行将手段捧为目的。迄今,韩国将行政改革和机构改革混为一谈的情况很多。将机构改革理解为裁减人员,与紧缩相连结,紧缩导致萎缩。因此,行政改革被误解为减少福利优待,甚至是威胁到自己饭碗的公敌。改革政局一开始便失去活力的原因就在于此。

真正的革新应以知道自己的"事业"、获得使命感为起点。使命感才是使革新成为可能的能量之源。革新的实现与本人认知并忠于自己"事业"的使命感成正比,因此,革新就是"适应变化了的环境的自我表现"。真正的革新是构筑有效地应对新课题的体系。如今我们生活在一个在共鸣和共有中创造出新价值的时代里。社会变革在"共鸣"中形成,改变世界的力量在整合中创造。因此,要知道今天官僚体制内部存在的矛盾和问题,绝不可能在敌对情绪中得到解决。如今我们要演绎共鸣和共享。②

一个组织革新的力量源于三处。来自成员共同危机感的革新,来

① 강형기(姜莹基):「혁신과 진단」,한국지방자치경영연구소1997。

② 同上。

自共同理念的革新,来自革新主体的领导力革新。不过现在我们尚不处于单靠革新主体的领导力或理念就能够实现政府革新的阶段,现在需要让更多国民了解我们的局限与实况,切实感到危机,支持革新并参与其中。为此要心怀现实,亲临现场,接触实物,制定政策。不能再只做表面文章,只做一时之需的应急品,弥缝其阙毕竟不是长久之计。

所有革新都必须以组织要实现的目标和职能作为前提。行政革新的核心应该从根本上重新研究行政所要履行的职能,更换业务的内容和程序,以提高服务质量。机构革新应以职能革新为前提,新的职能要在组织目标中导出,而目标是依群众观点正视现实和未来中产生的。由此可见,结构要立足职能重新设计;职能以目标导向,目标根据市民社会的需要加以修整。所有革新是在创造性破坏的循环中产生的。

朽木不可雕也

子曰:“朽木不可雕也,粪土之墙不可圬也。”(《论语·公冶长》10)

尽管挖掉朽木是正确无误的行为,但是如果不能说服成员,或者单单依赖精英的忠心,所推动的革新是很难成功的。因为会导致反抗,反抗与萎缩一同导致伏地不动。革新不是要避免现实的困难,而是憧憬和演绎未来的希望。革新不是为了宣传,而是为了生存。而且,革新是实践没有前例的事业,伴随难以承受的不安和痛苦,有时还要穿过矛盾和悲伤的隧道。

革新的前路面临三种障碍之墙:制度之墙、物理之墙和意识之墙。革新就是要推倒这三面墙,其中推倒意识之墙最为重要。为了推倒它，要清楚地认识到革新为的是什么，革新的目标又是什么。要对革新产生共鸣，使成员共享未来的价值。然后以成员多样地参与集结力量，重视现场，用爱堆积信任。因此，革新之王道在于信息共享和参与。通过信息共有，就“为什么要革新”产生共鸣，共享未来价值，这是共同参与革新的捷径。成员不知道革新的宗旨和目的，不知道参与的方法，领导单方驱赶的革新是不可能成功的。

部分核心要员的纸上谈兵式革新是不会成功的。在韩国历届政府的革新过程中呼声最高的都只是核心势力的一部分人。与之抗衡的是为了既得利益而抱团的公务员及其下属团体。正像公众要求便利的旅客运输或温暖的供暖要求时，只有马车生产者和锅炉供应者聚在一起商量对策一样，只靠机关立场贯穿的革新是难以成功的，这就是为什么在革新中需要现场主权者参与的原因。朽木不可雕，同样，靠陈旧的方法不能进行革新。

当今，公务员的忠诚程度和能力程度是衡量一个国家、一个地区盛衰的决定性因素。确立一种让公务员发奋图强的政治或行政体系是我们讨论未来希望时务必要考虑的要素。我们所向往的革新的终极目标是成员自愿成为追求新体系的责任人，自愿为自我变革和自我革新而努力，从而自愿承担随革新而出现的痛苦，尽情享受其成就，具备成熟的管理体系。

如果现在我们的目标是享受一时的好风光，那么只遵守既往的好方法和惯例就可以了。如果我们的目标是兼顾到未来后代的幸福，那么就要不断革新。革新是献给未来后代的最有价值的礼物，是在赋予生命以新气息。

第22章　一年打基础，三年出成果

国民不会等得太久。要求一年内打基础，两年体验成功，三年证明成果。韩国的选举制度对此更是推波助澜。孔子也警告过我们一年打基础，三年出成果。

民主主义中绽放光彩的孔子的叹息

孔子不顾世人冷落，没有放弃救世之志气。是真的没有机会吗？晚年的孔子不被卫国灵公重用，叹息道："苟有用我者，期月而已可也，三年有成。"(《论语·子路》10)

这句话是孔子在慨叹乱世政治，同时也在表示他对自己的能力非常自信。当然，也有人认为纵然是孔子，是否把复杂的政治看得太轻？可是孔子的叹息向只有5年任期的总统和4年任期地方自治团体首长发出严重警告，必须在有限的时间内取得成果。政治也好，管理也罢，都有机遇和头三脚。如果踢不出头三脚，抓不好机遇，希望就会沦为绝望。

通过孔子的叹息，我们能得到的警示很多。一旦任务分配完毕，就必须在一定的时间内保留批判，等待时机，这是其中之一。“苟有用我者，期月而已可也，三年有成。”孔子说这样一番话，意思是要在一定时间内不要怀疑，而是要耐心等待。

构想重要的政策，并为实现政策而加以整顿基础，至少要给一年的时间。通过这种过程得出成就，至少要等上三年的时间。可是韩国从部长开始，到局长、到科长、再到系长，都有共同适用的人事惯例，那就是一年换位子，三年可能完全忘掉在位的记忆。在这样的惯例之中，以长期观点构想政策，实践自己的提案政策、取得成效等的组织文化之花是不会盛开的。

适用新政策和新思路是在做前所未有的事情，不可避免地会受到墨守陈旧文化之人的冷嘲热讽。当今，韩国社会的风气是，即使你所做都合情合理，也不见得会得到所有人的称赞。也有很多人嫉妒别人成功，专门中伤别人；也有人不论他人做什么事，先无条件、无差别地攻击一番再说。不把人才当宝贝反而当竞争对手的人，总会破坏别人的好事。如果在乎这种人的话，归根结底会成为这种人的俘虏。

貉稽曰：“稽大不理于口。”孟子曰：“无伤也。士憎兹多口。《诗》云：‘忧心悄悄，愠于群小。’孔子也。‘肆不殄厥愠，亦不陨厥问。’文王也。”(《孟子·尽心下》19)

孟子的教诲说，做大事的人不被闲言碎语所动摇。开始做事要慎重，一旦开始了，不能因周围人的批评或抵抗的声音而沮丧。

打好基础

打好基础就是共享目标，整顿手段。要在一年之内打好基础，首先要共享组织的指向目标。要对共同的方向产生共鸣，将之共享为所有人的共同目标。清楚现在站在哪里，往后走向何方，明确应达到的目标，然后拥有实践的热忱。成功的 CEO 会共享梦想，优秀的领导调整部下的梦想。任何组织中，领导的梦、部下的梦和追随者的梦都各不相同。因此，领导要使自己的目标和成员的目标相一致，谋求将自己的梦想和成员的梦想统一起来共享的目标。所有体系的生产程度取决于目标共享的程度。

想要目标共享，就先要明确设定目标。设定目标要先以自己所处的时间条件和空间现实为基础，作出正确的情况判断。不知道目前的情况，则不能有效地管理。连现在所处的准确位置都不知道，就无法讲清未来。不知突破现实局限的办法，则不能走向未来。要将不利转为有利，弱点转为优点，首先要认清现实。正确判断出该应对的课题和该忽略的课题，则可免于在没有价值的事情上浪费时间。

人的健康状态可以通过综合体检得知。用于检查肝脏和血压等的项目就有 20 个左右。为了了解现状，要对 20 种项目结果进行三种比较。首先与自己的过去比较。比如，与去年相比，体内脂肪率是上升了还是下降了。其次与正常人的数据比较，以检查自己的状态。最后与自己的期待值比较。自己给自己定下的目标或期待值或许因人而异，但给自己设定期待值是自我管理的基本方法。通过比较把握现状，以此为基础确立新的目标。比如，想要减少体重，就先要设定减肥目标，然后为了达成此目标，决定具体做什么。

经营地方自治团体也是一样的。首先把握现状，设定今后要达到的目标，然后决定为达到目标要做什么、做到什么程度。判断投入什么样的资源，投入到什么程度，为有效地利用资源如何改善系统等。

目标的实现要通过系统来谋划。组织整体的目标成就是靠每个下级部门的目标达到而完成。并非每个成员努力工作就是好的组织,应该是每个成员努力于有必要和有意义的事情。每个部门设定与上级目标密切联系起来的职能很重要,组织首先要改组的不是结构而是职能。

为有效地实现所设定的职能,要立足职能改变结构,重新确立职务权限和处理方法等。为使事业能够合理而有效地开展,需要重新分配人力和物质资源。想要实施大目标下的具体事业,需要动员大量的资源,诸如人力、法规、物资、预算、支持和赞同等无数的资源,其中最重要的仍然是人力资源。因此,要寻找人才,教育已有的人才。

在所有经营中,表现出核心主体的一体化形象和统一的面貌很重要。在搜集多种意见,加以研究的过程中会产生分歧和矛盾,但对外要展现出组织成员一致的面貌。只有这样才能压倒来自外部的抵抗势力,因为内部裂痕是外部抵抗势力的营养剂,所以,经营的核心成员先要用自己所追求的理念统一自身。连一叶扁舟都没有,怎么横跨海洋?光靠理念的武装是不能奔赴战场的。为鼓舞士气,使他们推倒守旧的墙壁,越过雷池,到达目的地,应适当地放权给他们。

体验成功才能维持初衷

设定了目标,具备了相应手段,所有事情也未必如计划般一定能够实现。集结力量,扩大参与,体验成功,才能够维持最初的梦想。力气要用道理扶持(气发而理乘之),道理要用力气扶助(理发而气随之)。因此,在现实世界中要讨论“做什么”,也要讨论“怎样做”。不管你的选择多么正确和不容置疑,如果现实不接受,也很难得以实现。特别是在多种理解错综复杂的政治世界,有很多旧势力起作用,使得多种问题纠缠不清。即使自认为准备和集聚势力很充分,但是,如果真的开始动作了,会有很多进展不尽如人意的情况,甚至会产生意外的逆反效果和副作用,所志和所事与初衷背道而驰。

在理想与现实相克的现实经营中,随时都会发生难以解决的矛盾、产生新的变数。鼓励内部的士气,抵御外部的阻力,并非如想象的那么容易。因此,为坚持当初的目标和想法,引出持续的关心和支持,要让不同部门体验到成功的快感,只有这样才能维持成员和顾客的期待。重要的是,通过努力的结果和分担痛苦的结果,要让人们体验到在改变,在往好的方向改变。这很重要。

只要开始确定了目标,改组了系统,动员了资源,就会得到很多人的关注。经过一年的时间,会一点点产生自信。在当权者核心成员周围会逐渐聚集阿谀奉承的人、想利用权力的人。从他们口中会传来片面的赞誉之声。如果这种情况下丢掉初衷,危机就会随之降临。因为,当权者远离逆耳之言的一瞬间,就已经远离了真实。一个当权集团的周围,有多种多样的人——顺从参与的人、袖手旁观的人、见风使舵的人、希望你倒霉的人、伺机反扑的人。

他们有一个共同特点,就是不愿等待太久。愿意待在当权者周围的人,通常做两手准备:一手是应对当权者胜,一手是应对当权者败。对待顺从参与的人、伺机反扑的人,也都需要有成功的体验。当然无法拿出当初制定的目标所能达到的结果,但至少要让他们知道“如果继续下去,会有如此这般的成就”,尽管这只是按日程发展所能取得的成就。签订了公平的人事合约,就要拿出证明它的业绩。如果答应了提拔有业绩的人，那么通过评价他从前的业务能力来提拔，也算是一种成功的体验。晋升一个有能力的公务员，也算是成功的体验；得到市民社会的赞誉，获得公共机关的奖章，也算是一种成功的体验。

承诺激活传统市场后，根除了摊商的不法行商，由此受鼓舞的商家为拓宽人行道将柜台主动退后两米，这也是一种成功的体验。行政机关给市场提供货廊通道和停车场，为此市场繁荣会举办庆典，商人决心亲切待客以使市场上一个台阶，这就是被成功的体验所鼓舞而创造出新目标的体验。

刚开始的时候所阐明的目标是微小的，成功体验后拿出来给大家看，能起到改变地区命运的杠杆作用。历史有时支撑和开拓于靠小石子儿支撑快要倾倒的柱子，虽小但多样的成功体验，就是支撑一个地区命运的石子儿。

参与的扩大和支持的再生

在任何社会里，得到参与机会和担负一定责任的人都在努力培养自己应对业务的能力。随着时间的流逝，也可以在一定程度上取得业绩。但问题从这里开始。人们因与过去不同的上司身份而显得非常忙碌，即使在共同体化了的自己的围城中生活，也全然不觉得孤独。听到的声音都是好听的话，见到的每个人口中都充满赞誉。

这样的氛围很可能导致在自我讨论、自我满足之中，共同体化了的核心集团的成员单独在一起的时间多起来。共同体内部成员为履行他们的活动会制定出内部的基准，这样的基准不是为了其机关与外部正当接触的必要，而是立足成员之间接触方便，从日常生活惯例中导出来的。问题在于比起机关的公示目标，共同体更加重视这种内部基准的倾向化。在这种情况下，变得懒惰、傲慢只是时间问题。形成这种状态的瞬间，便是丧钟敲起的瞬间。

坐在权力宝座上行使权力，可以给很多人好处和机遇。随着岁月的推移，追随的人增多，则能力也要变大。但为什么现实向与此相反的方向运动呢？一开始支持和期待的人为什么随着时间的流逝，与他的关系渐行渐远呢？那是因为核心成员只相信自己的能力，自我感觉良好，并错以为自己的位置不是干活的位子而是权力的位置。当权者的位置不是用来作威作福的，而是用来履行义务的。地位越高越容易忘记人才的录用和提拔是自己的本职工作，而集中全力于拉山头、搞帮派。

社会不断变化，新问题层出不穷。解决了一个问题，又衍生出另一个问题。沉浸在小小的成功中，会成为阻碍未来发展的绊脚石。不论在哪种社会，评价下级目标的达成程度的标准取决于上级目标。上级目标和个别组织应该超脱本身狭隘的业务范围，为此需要坚持弹性的心理和开放的态度，只有这样才能有新的、系统的应对策略。

想要维持弹性的心理、开放的态度，就要不断接纳新的人才。但如今的市民不愿意只以客人身份参与到政治和行政之中。在人人都以主人翁姿态生活的时代，每个人都想成为与自己的能力相称的主人翁。政治和行政终究也都要应对这种人的欲望，寻求理解，取得合作，才能收获未来。

在现实中比什么都重要的是无数主体之间形成一个网络，然后发散出联合体的力量。假如有 10 个人作为合作者在一起共呼吸，就如同将信息、资源及能量扩大了 10 倍。政治的成功体验也要这样扩展，支持者也要这样扩充下去。在现实世界中,维持持续可能的系统,需要一种能量,这个能量来自拥护和增加制度性权力之市民的支持和扩大。扩大市民支持的最基本的东西也是扩大参与。越是重要的课题,几乎越不可能单独去做。越是目标正当,迫切需要,越要集结力量,让广大的人们参与其中。

所以阿列克西·德·托克维尔说:"在地球上最有力的民主国家,是团结众人共同追求目标的国家,它手段超群,那里生活着把知识和能力适用于更多对象的人。"①

依据客观评价与指标管理

为了扩大支持者,应公示成果,让他们信任且等待,感受到分担痛苦的成果。当然,三年内能够有成就的领域并不多。但是日程目标和革新目标则很容易显示成果。长期目标也有取得成果的阶段性过程,即足以评价日程目标达到程度。这里,重要的是评价的客观性。

孟子说,比较两样东西的时候要先明确其标准。

孟子曰:"不揣其本,而齐其末,方寸之木可使高于岑楼。金重于羽者,岂谓一钩金与一舆羽之谓哉?"(《孟子·告子下》1)

把一块仅1寸长的小木头置于楼顶,就说它比楼高,荒谬至极。不能无视标准,做片面的评价,以误导事物的本质。或自卖自夸,或夸大其词,或以偏概全也是不对的。如果这样,你努力得出的成果也会得不到信任。今年预算比去年增加,这不能当作是一种成就,这不是

① Alexis De Tocqueville, *Democracy in America*, New York: Library of America, 2004.

成果而只是投入。政府不能像民间组织那样拿财务报表或利润表来展现经营成果，但至少要公开投入额、成果分析和目标完成度。

例如，在地区经济领域有必要公开失业率下降多少，总生产量增加多少，与其他地区比较程度如何等。如果是居民参与的领域，则有必要公开志愿服务者的数量和质量的变化。把所有行政业务都公开出来是不现实的，只能重点公开地区本年度的重要课题，特别是市民关心的课题，还有行政首期做出的政治承诺的课题。但是，公开什么、如何评价等不能由政府单方面决定。

我们也有必要向先进国家流行的那样，组成所谓的“市民评价委员会”，决定出评价的内容和方法。这样一来，地方自治团体会按照预先设定好的指标评价，可做到“按指标经营”。如果引进了依据指标的经营体制，市民也不会凭着感觉对政治效果进行评价，说“好像是蛮认真地工作”之类，因为可以通过具体的数字来确认成果。这样一来，只做表面文章式的革新就再也站不住脚，不是凭空话而是凭数字表现成果方得以实现。

我们称率先实现众人所想的人为领导者。越是艰难的时代，人们越恳切期望领导者。正像民主并不凭空成熟，领导人也不会突然降临。通过参与和等待，民主才能成熟；领导也经后援和等待才能成长。问题在于人们并不会总是等待。只有让他们有所期待和希望，才会宽容和等待。让他们体验成功，支持才会得到扩散。所以孔子警告道：“期月而已可也，三年有成”。

第五编 用宇宙的大原理经营

第 23 章　自治通向君子大国之路

子曰："君子和而不同，小人同而不和。"(《论语·子路》23)

这句话用简练的言语表达了宇宙大原理和民主社会的经营原理，同时也阐明了在 21 世纪为什么需要地方自治。

宇宙大原理与国土治理

所有地方政府都服从中央的命令，表面上看似一贯而下，有条不紊，实际上却并不和睦，常争执不下。因为这样做无视地区特性和个别要求，根据强者的逻辑按一个模型同质化。这样的国家，中央制定了政策，所以地方就得无条件接受，形成了"少品种的大量生产体制"。

在少品种的大量生产体制中，由于政策内容都相同，地方自治团体追求的政策只能局限在"更快"、"更多"地做到"第一"(Number One)。全国各地都无个性，千篇一律。如果全都一样，小的必然敌不过大的。在中央集权体制下，中央政府尽管高呼均衡发展，却阻挡不了集中到首都圈和大城市的现象。不同的利益集团追求相同的利益，纷争不会停止。在百货商店的所有柜台摆放同样的商品，商家之间就不会和睦相处。

在中央各部门掌握管辖大权,地方割据统治的集权体制下,某些地区日子不好过,会把责任推脱到别人身上。地区间的感情自然会变坏,甚至可能产生你死我活的地区情感。本来“地区情感”是对自己出生的地方产生的情绪上的一体感和归属感,想到自然和根本的摇篮,是一种美好而又崇高的感情。地区情感以对本地区的热爱和责任感为起点,也是社区联系的纽带。由此看来,地区情感不应该是被扼杀和克服掉的东西,反而是应当升华成地区发展的能量的资产。只有通过地方分权,让地方自己负责处理自己的地方事务,中央集权体制造成的生死性的地区感情才会消亡。

如果全国各地区都是相同的样子,那么这个国家就只是个小国。每个地区各不相同,各有特色,那么它就是一个大国。在“同而不和”的小国实行的中央集权体制下,地方追求的是比其他地区更早、更多和更快的“第一”(Number One)。而各地区追求个性,意欲耕耘“和而不同”的地方自治体系独特的文化,追求“只属于该地区的东西”,即“唯一”(Only One)。每个人都是唯一的存在。由这些人组成的社会必须“和而不同”,而由这样的社会构成的地方也要“和而不同”。宇宙的大原理基于“和而不同”而存在,宇宙是一个庞大的有机体,此有机体通过“和而不同”的原理维系着。

人类制造的机器也按照“和而不同”的原理运作。汽车由超过2.5万个不同的零部件组成,电脑系统由成千上万个线路依“和而不同”的原理构成。与机器相同,人类社会的每个人维系着个性和特性,为了共同目标融合在一起,向着同一方向前进。

水里兑水可称为“同”,只弹拨同一根弦也可称“同”。水里兑水也好，只弹拨同一根弦也罢，都不可能是建设性或生产性的举措。对于上司的话只“唯唯诺诺”也可称为“同”。小人无条件对别人附会雷同，没有自己的个性和想法，虽然生活在社会中，也只是滥竽充数，不能利用自己的思想和技能创造性地生存在社会之中，也不能参与到社会之中，就是典型的“同而不和”。在每个地区都按一个标准活动，追求第一的“同而不和”的国家里，虽然有很多的地方，但如同水兑水一样，显出不变的模样。

所谓“和”与水里注水、性质不变的“同”不一样。“和”将水、盐、酱、醋各自不同的味道调和起来，做成美味佳肴。“和”承认每个人的个性，同时把他们联结起来。当然只承认个性，是不能联结起来的。所有成员各自有各自的主张，他们的和声不能成为音乐。相互无视对方的立场，单方面地主张自己的立场，那只会成为噪音。但实际上，如果人和地区社会都能自立，那才形成真正的协调，建立起真正意义上的联系。

调和指既保存各自的个性和特质，又为统一的大目标而协调。君子会为了体现“仁”的大义，互相团结和合作，其方法是独特地发挥出个性的思想和学识，为社会和人类的发展作出自己的创造性贡献。

阴阳相待的原理

人、社会、宇宙都是由伟大的调和与大和谐构成的。人的身体对各种刺激作出多样的反应，加以变化和发展。但人的身体不会因为内外部的刺激陷入混乱或发生问题，因为对刺激有自我调节的机能，对一般的刺激可以维持平衡。这就是人类维护自己恒常性的原因。

如果人失去了恒常性，身体会得疾病。人体里各部位的各种无数的细胞中有萎缩和助长的特质。抑制助长，保护萎缩，促成统一与调和的是内分泌腺。内分泌腺是控制人类的活动和疾病的调解者，具有强大的能量。如果这种调解者的机能衰退了，人的机能也会随之衰退。这样看来，人的细胞也是通过“和”来起作用，人体不是别的，是因“和”的结晶而存在着。①

在东方思想里，一切存在都以发显②、分化、发展为基础的“阳的原理”，以调和、统一、永恒为基础的“阴的原理”，也就是以阴阳相待的原理形成和运行着。如果将阴的原理归属于社会传统的控制力乃至向心力，那么阳的原理就是崭新地发显和分化的离心力。从阴阳相待原理的观点看，现代社会中以分为本的阳的原理比以统为本的阴的原理，显得作用更突出。事实上，如今人们过分注重外形，陷入利己主义和物质万能主义，社会和文化失去其正体性，归根结底是因为过于偏重阳的原理的结果。

正如全国泛滥的外国食品一样，未曾过滤的西方文化造成韩国文化无国籍化、无季节化的状态，也是阳的原理猖獗的结果。这样看来，我们现在的任务是通过向往调和与统一的阴的原理，确立我们的固有性，并与世界共存。人丧失恒常性，身体就会生病。社会丧失恒常性，就会陷入混乱，甚至遭到破灭。如果维护恒常性，只是强调固有性和特殊性，会使自己的存在变得渺小和无能。将向往新发显的多种欲望，调和地收容在一起，这种能力的大小决定该社会的大小。

社会在不断发显和分化中发展。女性权利的向上、工人权益的增

① ［日］安岡正篤：『人生の大則』，プレジデント社 2003。

② “发显”，意指最初的显现到了能够观察得到的程度。——译者

强、消费者权益的伸张,如果将这些呼声只看作使内分泌腺陷入混乱的导火索,那么我们的社会将变得又渺小又懦弱。只有将新近出现的多种发显调和地收容到系统之中,把发显的力量活用为社会的能量,我们才能堆砌发展之塔。我们不应当遏制新发显的呼声,应当用比它更大的调和之力量建造永恒的塔。

现在社会仍然是遏制着发显,有很多领域使我们显得渺小和无力,其中最具代表性的就是地方对国家控制力的呼声。从"阴阳相待的原理"出发,主张地方分权,不是将地方分离出来和独立出去,那只是在统一的框架内,通过发显和分化谋求发展。我们所要促进的是地方分权,但要确保兼顾统一性和固有性。

如今我们要在全局上确保国家的统一,在局部上扶助现场的特性,创造各地区的个性。然后演绎出各不相同,但通过调和,趋于相生。在 21 世纪,所有地方为了体现国民国家的大义,需要团结、和解与合作。合作的方法不是国家的指令和控制,而是以各地区自己的名义独自发挥其个性和长处,以确保"和而不同"。将石头系到绳子的一端抡起来,就会做圆周运动。转得越快,手中感受到的力量越大,因为石头的挣脱力会相应地变大。如果将拉绳子的向心力比作中央政府的控制力,那么想要挣脱的离心力就是强调自律和个性的地方自治团体的自治权。

一个圆只有在支撑它的向心力和离心力相互和谐平衡时才会形成。离心力越大,圆周越大。离心力比向心力大得无法控制,则圆就会在空中消失掉。如果培植向心力而遏制离心力,那圆就会失去活力而萎缩。一个国家的治理和地域开发也是同样的道理。当离心力旺盛的时候,向心力也坚实。为了建成有力运转的国家,需要同时培养离心力和向心力。中央应有效地履行中央的职责,同时,有必要提高地方的自律,落实增强个性的系统。

希望在地方

人类结束石器时代,不是因为石头不够用,而是想要把石器时代开辟的生活提高一个层次,睿智地接受了新文明。现代社会的先进国家断然推行分权改革,不是因为中央集权体制本身不好,就好像是代替石器时代一样适应了时代发展的潮流。在中央集权完成使命后的今天,有人仍然主张要以中央集权的方式解决现实的问题,好比在抗议“还有这么多的石头为什么抛弃石器时代”?

直到上一个世纪,韩国的中央集权还是有效的制度,所以取得了极大成功,完成了历史的使命。在韩国中央集权将有限的资源和人力集中起来,按照中央的意志按部门按地域集中予以分配。中央集权是使后进国家走向现代化的有效制度。中央集权体系通过执政党的强行支配、集中首尔一地、大企业为主等措施,把韩国引导到国民所得达到1万美元的时代。但现在中央集权成了阻碍均衡发展的绊脚石,把国土变得越来越小、越来越窄、越来越无力。

普通人能负荷搬运的重量是自己体重的9成,但蚂蚁能搬运自己体重的40倍的重量。人类未能举起自己体重的3倍的重量,但蚂蚁能举起自己体重的30倍的重量。蚂蚁惊人的怪力从何而来?人用两条腿支撑站立,但蚂蚁分散到6条腿上。当然,蚂蚁的怪力肯定不只是来自6条腿,但假如蚂蚁只有两条腿,难以想象还能举起30倍于体重,搬运40倍于体重的重量。

一个国家的政治、经济和文化也一样。只要由多维度构成，则会相应地采取多样的竞争力和稳定的结构。可是到目前为止，韩国中央政府一直都用一条腿勉强支撑着社会。让我们回顾一下举办 2002 年世界杯的情形。承担赛事的各城市投入巨大费用建造赛场，提供各种服务。其目的不外乎通过举办世界杯这一盛典，招徕包括外国人在内的众多观众，意欲向世界宣传地域文化，促成地域发展。

可惜没有一个地方城市达到了这个目标。一个锅里蒸出来的饼只要尝一小块儿便可知道全部的味道。同样，只看看毫无准备的首尔，就不用去看其他地方城市了。这样，只用一个向心力构成的社会只会是一个渺小而无魅力可言的国家。我们应当把我们的国家开发成多彩多样的、有竞争力的大国，但不能由中央政府出面促成地方的个性，创造出多样性。即使中央政府真的这样努力，也只能是量产出"划一的多样化"。

进入到 21 世纪以后，决定产业布局的核心因素从城市的物理环境水平转变到智力环境水平。但国家不能刻意提高个别城市的智力环境水平。改善城市的智力环境水平，只能通过盘活地域的个性，提升地域魅力的内生的努力改善。因此，应该敢于从地方产业建设要由国家来主持改善、市民的幸福也要由国家负责的旧思路中解放出来。现在，地方自己要成为产业构想的主体，配备智力环境的主体。如果国家改革，地方自治团体也自然会改革，这一既有常识如今已变得不再是常识了。相反，迎来了地方自治团体改革了，国家也会迎来改革的新时代。

20 世纪的人类在国与国之间有界限，只遵守国内通用的规则便可生活。但现在我们生活在知识、信息、金融、人力在国家之间自由流动的21世纪，生活在全球共享市场和信息的世界化时代，国家之间无国界线的时代，但即使国与国之间没有国界之帐幕，地方和城市仍然存在。因此我们要以地方和城市的名义现身于国际舞台。我们称20世纪以前是国家的时代，那么21世纪以后就是城市的时代。

经纬调和

如今我们生活在只有中央政府和地方政府、地方政府和居民间相互合作才能解决公共课题的社会里，但在居民的生活和地域社会的存在方式都由中央政府决定和支配的体制下，绝不会有居民的参与和市民团体的立足之地。同时，地域居民也不会对自己所生活的地方有爱惜之情，不会在共鸣和共有下相互协作和忍让。必须让中央和地方合作，当事的行政机关和居民合力，重新构筑能够创造性地解决问题的"上向参与型"系统。

漂亮的毯子是经线和纬线调和织成的。如果说国家的法律和制度是经线，那么地方自治团体的个性政策就是纬线；如果说中央政府制定的法律、制度还有扶助金的支援是经线，那么地方思考制定的政策就是纬线。如果经线过于稠密，就不能织出有个性的漂亮纺织物。城市这一漂亮的毯子是在经线的基础上与个性的纬线相调和而成的。

国家的政策希望按纵轴运行，例如国家将老人福利政策方针下达给全国各地，想要规定所有地方据此开展工作。但地方发生的所有问题不能只以纵轴的视角来应对，因为现实的微妙和重要的问题都来自横轴。因此，现实中发生的事情和市民生活中要求的课题不仅要注重"经"，也要兼顾"纬"，即只有知道"经纬"才能看得清楚。

但是，长久的中央集权将韩国的地方公务员也改造成守护“经”的卫士。过去很长一段时间里，越是诚实的人，越被禁锢在“经”的世界里生活。即使在现场有重要的事情发生，也调查不出有哪种问题存在。诚实而认真工作的公务员，反而说不通的原因也在于此。生活在“纬”世界的市民和守护“经”的公务员拧成一条心，把握“经纬”和融合纵横是很重要的。

对公务员来说，行政是诚实地应对以法律为基础的既定制度、扶助金和事业的“经”。但是，在市民看来，是否服从既定制度并不重要，只要能解决自己需要的问题便可。所以，把握“经纬”不以合作而以斗争展开。强调秩序和制度的行政与强调现场问题的居民之间的协作是由解决矛盾开始，最后又以解决矛盾告终。

有道是纵横无尽，意思是说自由自在，没有尽头。地方想要自由自在，只靠中央柔软，从“纵”中解放出来是不够充分的。自由属于善于活用机遇之能力的人，产生于“我有理由”的意识之中。这样的意识来自“与自己相关”的事情自己想得最强烈，自己知道得最清楚的经验。自尊和自立是普遍的欲望，也形成于这种经验。

想要主张自尊就要自立，其前提是用政策证明与自己相关的事情自己知道得最清楚。归根结底，能够推导出自己该做什么的能力与促使履行那种行为的能力相结合产生自治力时，才能讴歌自由。地方想从纵轴自由起来，需要用包括地方政策立案能力的自治能力做后盾。

自治与自律

人们常受到外部环境的影响。比外部影响更重要的是从内部能自我治理到何种程度。当我们学习自我支配的方法并付诸行动,那就是已经在实施自治。自治就已经掌握在自己手中了。

圣雄甘地说:"不是因为印度隶属于英国,人们才不自由,而是因为人们自己未能自由。比如因为追求物质,印度才隶属于英国。如果我们变得自由,印度也会自由起来。当我们学会自己支配自己的时候,自治就会掌握在我们手中。"①

"完全的自治"指每个部分都发挥各自的力量的同时,与其他部分和谐在一起,使整体活动通融无碍。这样的状态对于个人来说就是"从心所欲,不逾矩。"(《论语·为政》4)

由此看来,自治(self-government)是以自律(autonomy)为前提的。自治通过长久的道德锻炼,用锋利的良心控制欲望,实践克己生活的时候才有可能。这才是主张完全自治资格的个人状态。但现实中的"自治"与"自律"并不统一。从空间来说,所有自治的存在(个人、家族、地方自治团体、国家)与其他自治存在有着相互依存的关系。实际上的自治认定于相互干涉程度的规则里。由此看来,国家间、地域间相互依存性的增多威胁着自治存在的安全性。同时,自治团体成员(地区居民)的定居性的弱化也使得自治体的自律性受到严重破坏。

居民定居性的弱化会带来习惯的弱化,结果,地方自治的道德基础也会变得脆弱。因为,"居民"(inhabitant)是指进入(in)到习惯(habit)的人(-ant)。因此,居民的定居性弱化,则习惯也弱化,地方自治的道德基础被动摇,自律变得更加困难。如果居民成为单纯的居住者(dweller),自治的自律也就有名无实了。自律只有在社会成员之间共享习惯时才有可能。

---

① M. K. Gandhi, *Indian Home Rule*, Madras: Ganesg & Co., 1908.

今天，以分化为本的“阳的原理”和以统一为本的“阴的原理”最激烈地重组的领域是国家治理领域。通过国际化，历来的国家职能转变成超越国境的公共空间，同时由于分权化，一部分国家职能降格为公共空间的地方自治团体，但不只是自治主体的国家的自治力萎缩，地方自治团体的自律性也在崩溃之中。所以，我们要在国际上强化国家的自立，在国内同时谋求确立地方的自治力和自律性。

谋求两种确立，最重要的是解读时代的变迁。我们要铭记 20 世纪以前是富国强兵为至高目标的“国家时代”，21 世纪以后则是以个人幸福和生活质量为优先的“地方时代”。在 21 世纪里，培养地方个性才是成就大国之路。我们要造就以国土的每个地区的固有个性而自豪的“和而不同”的国家。

我们的富强不在于地方和城市成为国富的配角，而在于以乡富为中心，成为主导乡富世纪的主角才有可能。如果孔子还在世，肯定是活跃的地方自治论者。地方自治是走向“君子之大国”的道路。①

① 강형기(姜莹基)：「향부론」，비봉출판사 2001。

第 24 章　品读变化的本质

未来不是预测出来而是创造出来的。但我们想要创造未来，却要从预测变化的本质开始。以未来的视角看未来的样子时，才会展现出未来的特征。如果我们的展望有偏颇，我们的对策不恰当，那是没有吃透变化的本质和问题的根源所致。

格物致知与法不重复

每个人都希望重复自己的成功经验，用现有的手段去探索未来。抵抗变化的两个最大的墙壁是固定观念和既得利益，其中我们真正难以克服的不是看得见的既得利益，而是看不见的固定观念。人成为固定观念的俘虏，就会看不清事实，也读不到事物的本质。不想被固定观念所禁锢，就要不断学习。

子曰："学则不固。"（《论语 · 学而》8）

但不是说只学习就能从固定观念中解放出来。有不少人越学越陷入固定观念而不能自拔，因为只注重既存思想的后台信息。学习马虎的人将固定观念错以为一种信念。很多人陷在固定观念之中无法自拔，又不愿承认其错误，是因为错将固定观念当成了信念。认真学习就像往冰冻的自身倒入热水加以解冻，使之柔软起来。人们只有变得柔软，才能从固定观念中解放出来，才能拥有真正的信念。

结果不能超越原因的本质因素。因此，想要解决问题的根源，就要究明事物的本质因素——格物致知。格物指已知的开端，以此为基础透彻了解就是致知。格物致知是究明事物的本质因素和道理，使得"懂"达到极致。让认知达到极限，想要铲除掉不知道的一切，就要弄清事物的根本道理。想要知道事物的道理，以便正确应对，不能按自己所期待的方向先入为主，想当然地揣度。格物致知的根本是从事物的实体出发。

按格物致知的态度生活，就可以从过去看到未来，好像孔子通过以前的周公绘出未来的乌托邦。格物致知也可以看到身后。李舜臣将军能够用 5000 兵力战胜 30 万敌军也是得益于格物致知的力量。将军细心调查每个赴任地的地形和风土，记录并研究了至今的作战内容和敌情。

在漆川梁前海上，朝鲜水军全军覆没，权栗就问被贬为平民的李舜臣将军："请问有什么对策吗？"李舜臣回答："对策也许在水边，这要等察看完海岸后再向您禀报。"

无能的朝鲜国王宣祖想利用有能力的大臣打压另一个有能力的大臣，以便维持其王权。在 7 年的战争中，他连一次都没有视察过战场。这样他还信不过战场上的将士，下达各种各样的作战指示。这在《朝鲜实录·宣祖实录》中有记录。孙子说过要作战成功，一定要重视现场，将战场托付给了将领，就要相信他并静静地等待。在后方的君主，连前方的情况也不清楚，就命令进攻或后退，干涉行政，行使人事权，这是最拙劣的行为。君主自己有多愚昧，就有多惧怕将领的成功。宣祖证实了“愚昧的指挥官比敌人更可怕”这句话的真谛。

李舜臣将军则相反，不只靠真情战斗。在鸣梁海战中，用13艘战舰能够击退133艘敌舰，是因为他细心侦查过战场的地形、风土以及敌军的兵器，达到格物致知，提前应对。以现实、现场和现物为基础的作战，带来了胜利。孙子说：“事先掌握战场和时间，即使历经千里行军来到战场，也有胜算。”掌握战场和时间的意思，是将敌人诱到自己设定的地方，把握敌人的动静，由自己决定战斗的时间。把握和管理敌人，就是掌握战斗的主动权。

李舜臣将军除了露梁海战以外，每个战斗的时间和场所都是自己选择的。将敌人诱来，在想打的时间里打败了敌人。仗还没有打，已经有一半的胜算了。为达到这样的效果，做出了多少努力啊？李将军是细心到令人郁闷的程度的人。在这一方面，跟典型的英雄豪杰不一样。李将军寻找可以赢得的条件，根据敌人的位置决定了自己的位置，不是用上一场胜利的经验准备下一场战斗，新的战斗一定用新的方法。战斗永远都是新的，不重复使用已经用过的方法，实践了他所说的“战胜不复”的道理。

典范的根本变化

不只是战争，在企业经营或国家治理中也只有认清变化的本质，才能做出根本的应对。那么我们的社会是怎样变化过来、又怎样变化着呢？现在我们是否不知道原因，只纠缠于现象而忙碌呢？目标不同了，手段也要不同；原因不同了，解决的办法也要改变。要正确预测和应对将要展开的大变革，那么等待我们的是怎样的变化呢？

联合国未来论坛对历史变化和未来做了如下预测：在国家是权力主体的产业社会里，是用工厂的机械造出的“富”来积累资本，相互竞争。国家间的竞争集中在资源的获得。进入到信息社会以后，权力主体正在从国家转移到企业。当今国家混乱是因为正处于国力从国家向企业的转移时期。

如今我们生活在这样的时代：信息服务不是在工厂而是在办公室生产，“富”的程度取决于接入多少顾客。国家间的战争也不是围绕土地而是围绕“知”的认知(Perception)来展开。信息时代之后到来的就是意识技术时代(Conscious Technology)。到意识技术时代，网络具备产品的功能，一个一个的个人成为权力的主体。换句话说，存在本身成为“富”的尺度，每个动作都可成为生产的根源。在这种情况下，追求和确立整体性成为竞争的核心。①

基于这样的展望，韩国的未来并不光明，因为人口减少和超高龄化导致国力衰落。直到现在，我们的行政和企业以人口增长作为前提设计了系统与业务。现在我们面临从未想象过的人口减少的情况。2005 年世界人口 60 亿，到 2050 年估计增加到 93 亿。白人的低生育率让美国成为有色人种国家，欧洲成为阿拉伯人的国家，澳大利亚变成亚洲人的国家。拥有 16 亿人口的印度和 14 亿人口的中国将成为世界的最强者。

问题是韩国。根据韩国统计厅 2004 年的数据，韩国的生育率②是

① 박영숙(朴英淑)：「미래예측리포트」，중앙 M&B 2005。

② 生育率：从 15 岁到 45 岁的可妊娠妇女平生所出生的孩子数。要想维持韩国目前的人口，生育率应达到 2.1。

1.17、美国 2.07、法国 1.91、澳大利亚 1.78、德国 1.67、英国 1.64、日本 1.29 等,在世界 200 多国家中韩国的出生率最低。结果韩国的人口从 2005 年 12 月的 4700 万名估计减少到 2050 年的 3000 万名(统计厅数字为 4000 万名)。1 个韩国人要和 40 个印度人、35 个中国人竞争。如果这样下去,韩国将成为毫无国力的弱小国家。

不仅如此。韩国是世界上超高龄化速度最快的国家,这点使问题更加严峻。到 2026 年,5 个韩国人中就有 1 个是 65 岁以上的老人。到 2050 年,超过 55 岁的人口占韩国人口的一半。到达高龄化社会的所需时间,法国需要 154 年、美国 86 年、意大利 74 年、日本 36 年,而韩国只需 26 年。

按现在的出生趋势和高龄化持续情况发展,现在的人口结构是 3 个儿童比 1 位老人,到 2050 年就变成 1 个儿童比 3 位老人。到 2050 年,韩国会成为 3 个年轻人要抚养 2 位老人的老人国。① 高龄化和低出生的乌云为期不远了。在不远的将来,生产力和消费力都要下降,而国家财政也面临危机。2005 年,日本的老人福利费用占 GDP 的 6%,但韩国全部的社会福利费用不超过 GDP 的5.7%。高龄化带来的资产运营保守化、劳动生产率的低下,致使国力衰退,也使福利费用的调配更加困难。

这种变化的余波会带来更多的漩涡。比如,中央对于地方自治团体的财政支援只能减少,地方要相应地采取自救办法。政府也要通过市场原理与民间竞争。正像企业凭结算得到成果评价一样,公务员的业务也不得不引进冷酷评价的系统。在人口不足,信息公开、共享的社会,不是从全体的立场看成员,而是不可避免地转变为从成员立场

① 박영숙(朴英淑):「미래예측리포트」, 중앙 M&B 2005。

看全体。例如，学校的生源不足，不是从学校的立场配套学生，而是从学生立场配套学校。就企业而言，也许不是职工去适应公司，而是公司去适应职工的基准来决定上下班的时间。

新敌人、新战争

“战胜不复”的经验不只适用于战争，对于商业和政府管理也一样。要打破固定观念的框架，实事求是，时刻想用新方法应对，才是成功的基本因素。政府破除固定观念，就好像企业从市场出发制定生产项目，要以消费者需要为起点一样，要站在市民的立场去设计行政业务。直到现在，行政机关都是按自己的想法去设定，然后提供给市民。

站在市民的立场设计业务，和在商品生产以前先去把握消费者的需求，然后按照消费者的偏好去生产，是同一个道理。所谓行政服务，是设计商品时要从市民需求出发，而不是从公务员的立场出发。这时，政策的产生过程要开始于市民满足。首先通过市场调查，确定市民能够接受的期待值和负担值，然后设计出与期待值和负担值相应的业务，最后决定要投入的材料。但政府管理在大部分情况下，不采纳这样的程序和方式。结果，政府为说服顾客浪费相当大的时间和费用，并不免反复失败。

越没有经验的事件，越不能用已有的经验和智慧去应对。在经验和先例不起作用的情况下，现场活生生的信息显得尤为重要。因为要在现场激烈地与错误相碰撞，从中寻找解决的办法。这时环境中的现场自律更加受到重视。时代要求市民社会的幸福要由地方自治团体的有效的管理确保。将来当市民社会的主题转入福利和环境，即地区居民的日常生活时，由中央控制的行政将被终止，更加强调现场的自律性。因为用由中央设定的片面的、划一性的基准是解决不了问题的。

从居民的立场看，福利、环境和城市规划都只不过是实现惬意生活的一个条件。居民不从中央政府各不同业务部门考虑自己的生活环境和问题，只是从本地区生活中现实需要多少，相应地要求多少而已。所以要代替低效率的中央割据组织，建立一种能在现场解决问题的体系。现在需要的是一种根植于地方的、反映各地情况的、能够解决问题的体系。

信息社会的成熟也成为打开新局面的契机。借助因特网的普及，信息来往于不同组织之中，这使信息的本来面目在移动中得以回归。任何想要将信息锁在组织内部的行为，都是徒劳无效的。因为信息作为"共享之物"正被重新定位。根据不同的部门，群众比公务员在信息上更具优势的情况也会多起来。特别是现场信息，居民掌握信息的能力也许更大。直到昨天，行政用大信息量领导了居民，而如今，则是随不同领域，这种情况也许会逆转。

当然，在信息共享的社会里，尚不清楚行政的模样会变得怎样，但是，像过去由于信息不充分性和占有的非对称性所诱发的不公平和不公正的问题不可能再发生了。如果信息共享这一基本事项得以落实，那么行政的公平性、效率性、效果性和及时性都必然会飞跃性提升。信息共享可以很自然地成为实现行政和财政革新的杠杆。

市民社会的力量

每个人本身都是一个固有的存在，是拥有幸福权利的独一无二的主体。只有社会和组织为个人幸福而存在的时候,人才能为远大目标牺牲与合作。不是为了组织而让个人存在,而是为了个人才让组织存在。这样的关系也适用于国家和地区的关系。未来不是地区为国家牺牲,而是国家为地区存在,这种理论更能发挥力量。过去,国家命令地方按照国家基准调整和看齐价值观,也下达"禁止令"。现在,禁止令正在被解除。

如果向受过判断停止命令的地方,下达解禁措施,会形成全新的风气。以国家为基准的构思将变为以地区为基准的构思。当地区的固有构思与地区社会的参与、民主的领导力、合理的经营体系相结合,会形成高度的生产性。站在国家全体立场构思的团队合作,重视同质性的同时遏制地方的个性,强求适应国家整体的基准和价值观(事实上这只是一种幻想)。但是从地方立场构思的团队合作,会站在各地方固有的观点和现场需要加以构思。所以,所有地方都以各自的个性为前提,形成发挥固有作用的团队合作的高潮。

将出现于前者团队的全部力量合起来,它的力量比后者团队小。相反,后者团队依据倍数效应,力量得到飞速增强。因为由地方构想的社会是由具有多样表情的地方分担各自作用,以强化连带的社会。类似的关系也同样适用于行政和居民之间。在行政和居民的关系中,来自组织的构思系统与来自居民个人的构思系统之间存在很大的差异。行政以与每个居民之间的关系为基本。以老人福利设施为例,使用者只是行政设立之设施的使用者而已。居民去适应行政制度和组织(设施),现在我们的情况正是如此。结果怎样呢?地区社会中,人与人之间的连带关系逐渐遭到破坏。

以个人为起点构思的社会,所有的思考都是以"居民间的连带性"

为前提而展开的。例如,对高龄人口的支援,先以居民间的纽带为前提,所以,行政的职能就是扶助其纽带。与其让独自生活的高龄老人到福利机构生活,不如让他生活在自己的家里,由居民纽带促成的非政府组织团体照顾老人,行政只奖励该组织就可以了。

在居民做主人处理事务的社会里,行政的基本方式当然也不同,行政的作用应发生根本的改变。行政不用为居民做什么和为居民能做什么而苦恼,因为支援居民自己所做的事情就是行政的基本作用。社会的主角是居民,行政只作为其支援机构而存在。居民和行政之间的关系变化,在个别业务的促进方式和公务员的业务处理态度方面也要求随之改变。因为在行政机关的立场上,容易管理和控制划一的制度无法解决问题。

从运营到经营

我们周围的很多人谋求经营化,嘴上高喊削减开支,但比经费更重要的是经费所创造的价值。所谓经营就是指为了实现既定的目标,利用一定的资源,创造最高的价值。所以,最重要的不是削减费用,而是创造出符合目的的价值。

现在韩国政府大喊革新,但国民所期待的革新却没有什么进展。产生这种结果,也怪还没有协商好革新的目标和价值方向之前,先谈论经费。无目的地只强调削减经费,公务员们就会萎靡而失去士气。不给革新的当事人以激励,革新绝对不会成功。纠正缺点和漏洞不能用力过大,用力过大反而会造成更大的损失。

说提高行政服务的质量,但只是将提高行政应对能力当作最高课题的情况很多。比行政应对能力更重要的是解决已有课题的系统的总体生产性。居民所期待的不是行政应对能力，而是能够实现安定而有活力的生活条件，而且也要让居民拿出奉献自己汗水和智慧的态度。行政不能做所有的事情，行政也没有做所有事情的义务。行政有行政的作用，居民有居民的作用。

民间也有很多主体。一个地区的问题需要由个人和家庭、非政府组织和市民团体、社区、商家繁荣会、企业、协会、商工会议所、学校、基础地方自治团体、广域地方自治团体、国家、其他等多种主体相互合作而解决。尽管行政的应对能力提高了，但是，如果民间的自发性减少了，问题本质上还是不能解决。所以，市民在追究行政的责任，计较行政的成果的同时，也要反省自己是否尽到了应尽之责。行政一方也不见得只接受市民的批判，应该唤起市民和民间的活动，有必要使他们互相合作。

作为行政改革的口号，经常使用“顾客满意”这句话。但是居民不是地区社会的顾客而是主人，好比是企业的股东而不是顾客。提高服务质量这句话，也常使问题的本质暧昧不明。对行政服务的志向是什么、规定的是什么等没有明确的认识，却以为谋求提高服务质量是革新地方自治团体的目的，这是掩盖本质。

到目前为止，行政机关的业务是使用资源和预算，其基本思路和关注在于如何才能有效地开展业务，而官民之间思路上的巨大差异正源于此。比如，一个城市学校的班级崩溃率达到 10%，对此民间的思维方式如下：先设定一年后减少到 3%，这就成了教育目标(output)；设定好了目标，就要决定为此投入(input)什么、怎样投入；其结果是决定多募集志愿者，增加教师数量，接着决定要为此投入多少预算。

和民间做比较,行政的思路则完全不同。行政先把去年为防止班级崩溃业务投入额作为基点设想业务,至少要确保去年的预算额度,否则会使负责人产生没有面子的危机感。因为,是以上年度的实绩为基础,要求明年的预算。使用预算是政府的业务,有了事业费项目才有实绩,有了实绩才能得到下一年的预算,这就是现实的行政系统。政府的业务与其说是经营,倒不如说是运营,说是事业,实际上不过是消化预算而已。

但是从居民主权的观点上看,地方自治团体开展的业务应当是把本地的资源和经济实力加以拓展的活动。地方自治团体不是消费资源和财政的主体,而是要起到增殖资源和财政的经营体的职能。如果在经营的观点上谈论地方自治团体,受重视的主题是"资源和资金的拨付"。运营和经营的差异,可以用业务计划上有没有"资金拨付"一项来区分。

我们要深刻认识这一事实,因为它不只是单纯的话语的差异,语言表达上的差异里包含着思路上的差异。表现的差异包含着思路的差异。表现是反映本质的观点,不能只革新表现而不看本质。不从事实角度出发,就不能准确地预测未来。到目前为止我们战战兢兢地只用对症下药来应付,那也是因为忽略了变化的本质。因此,现在才是以孔子所教导、李舜臣将军所实践的"格物致知"来准备未来的时候。

第25章　经营是天、地、人的协调演绎

为了成功地活下去，重要的是赶上和活用时机，而更重要的是活用占地的长处等内在条件，但比这个更重要的是发挥成员的智慧，团结起来发挥最大的力量。

孟子曰："天时不如地利，地利不如人和。"（《孟子·公孙丑下》1）

天时

每个人的目的和目标不同，其生活方式也各不相同。成功者的共同点在于他们的生活方式和方向与时代融为一体。而问题恰恰在于，为了应对时代变化而改变生活方式并不容易。太过执着于时代的变化而犹豫不决，可能会被时代所抛弃。所以主宰世界的不是慎重的人，而是果敢的人。

马基雅维利断言："想要成为世界的主人，与其慎重，不如果敢。命运之神是女神，想从她那里获得主导权，就要勇敢地行动。要征服命运，不要光想着，而是要表现出欲望，果断行动。"①

---

① ［日］塩野七生：『マキアヴェッリ語録』，新潮社 2003。

让我们察看一下东汉建安五年（公元200年），曹操统军打官渡之战时的天时。曹操出兵攻打刘备，许昌空虚。袁绍的参谋田丰进言道："现在是攻打许昌的最佳时机。"袁绍毫无反应，田丰反复劝谏。袁绍说："我最疼爱的第五个儿子病了，现在无法出兵，等下次机会吧。"因儿子生了点病，竟然丢弃天赐良机！田丰伏地叹息。袁绍丢掉了夺取许昌、剿灭曹操、成为天下主人的黄金般的天赐良机。

曹操得天下之路是制胜袁绍。不久双方对垒于官渡，相持数月。其时曹军只有袁军的五分之一，又严重缺乏粮草，一度欲回守许昌。谋士荀彧认为曹军以弱敌强，此时退兵必为所乘；反之，袁军轻敌，内部不和，相持既久必将有变，正可出奇制胜。曹操纳其言，派兵袭烧袁军粮车，又亲率精锐5千奔袭袁军乌巢粮囤，全歼守军，烧毁全部囤粮。消息传来，袁绍军心动摇，纷纷溃散投降。曹操乘机全线出击，歼敌7万余，袁绍父子仅率8百余骑北逃。

选择恰当的时机，方可在战争中制胜。若想有一个不后悔的人生，就要应时做该做的事，应时展望该展望的未来。在我们的周围既有反复深思熟虑失败者，也有用激情行动而成功者。被过去惯例和思虑所束缚的人，怎么深思熟虑也容易失败。即使激情从事，只要与时代方向相一致，成功率就很高。所以顺应天时非常重要。一个人是否走运，要看他是不是能够预见时代的变化，并拿出相应的行动。谋求梦想的实现，先要适应时代的变迁，改变自己的生活方式。

历史有"周期"（period）和"纪元"（epoch）两个概念，即用特定体系维持社会体制的周期时代和一代终结与新一代开始的纪元时代。如今我们生活在大转型的纪元时代。我们想要尽快地适应历史大转型时机，要直视新常识形成的过程，丢弃已经成为过去式的旧常识，接纳新的常识。为此我们要用多种方式解读时代的发展。解读世界政治和经济会如何发展，解读国家政策的基调和时代领导者的计划，尤其要解读市民的期待和愿望。

地利

孟子说，要在战争中取胜，就要善于利用天时，但天时再重要，也没有地利重要。天时可以看做是包括国际形势和国家政策的外部环境，地利就是包括本地条件的内部环境。国家政策、世界经济流向等随内部条件不同，其外部条件的意义也不同。了解外部环境是为了有效地利用内部条件。所以，如果认不清内部（自己），那么即使了解外部（他人）也没有用。

认不清自己的人会做一些不可能的事情。如果是不可能的事情，无论多么想干也没用。所以首先要区分什么事情是可能的，什么事情是不可能的。因为人们只有从可能的事情开始做起，才能逐渐培养可能性。但是，区分自己能做或不能做，并非易事，常常把可能的事情归类为不可能的事情，所以说，认识自己很难。

如今，我们需要战胜的对手很多，但其中首先要战胜的是自己本身。只有能战胜自己的人，才能战胜社会上的不良习俗。

孙子曰："知彼知己，百战不殆。不知彼而知己，一胜一负。不知彼不知己，每战必败。"（《孙子兵法·谋攻篇》）

认识自己不容易，了解别人也不简单。了解别人要了解什么？孙子提示了五个方面。①

① ［日］武岡淳彦：『孫子の經營學』，經營書院 1995。

一，为何战、何时战；二，兵力与战略；三，上下是否齐心；四，是否备战缜密；五，将帅之能。经过周密地分析、比较、谋划，了解天时与地利，那么就可以决胜千里之外。为分析天地条件就要先去勘察地形，但在勘察之前应该先清楚自己的情况。问题在于人们不认识自己，大多数人以为自己对自己很了解，但事实却不尽然。

成功的人比外部条件更充分地活用了自己的特长。看地区开发的成功案例，占其主要成分的事业和政策只属于本地的逻辑和论据，以地区必然性和固有特性为基础，周密地探讨出本地区应该推进的项目是什么，并以此开展了业务。这样成功的地区不是靠偶然性和一时的冲动促进事业的。一个地区的发展方向和成功因素，首先要从内因条件找寻，然后在现场发现可能性。仔细勘察现场的各个角落，把握该地区拥有的经营资源，以地区内存在的资源为基础，展现自己独有的个性。

要开发地区，首先要设定该地区拥有的历史和风土为坐标轴，能够解读出地区的历史记忆和独有的氛围。而且，就将来此地可造就成什么样的场所，从该地所述说的无言的暗示中引出秘传。为了开发一个地区，要不断地解读该地区，了解该地区。

“发展”一词英语是“develop”，其反义词是“envelop”。“envelop”是“打包”或“封包”的意思。相反“develop”是“解包”或“解放”的意思。比做植物，就是种子发芽，生成茎和叶子；比做昆虫，就是卵变成幼虫，幼虫变成蛹，蛹变成虫。总之，是发展之谓也。

但是，木头变成桌子不能叫发展或者成长，因为靠外部压力的变形不叫发展。地区或个人发展也是一样。发展指特化内在的个性，开化内在资源。如此看来，地区发展的根本不是来自引进外部公共机关和工厂,而是将地区内在的能力特化出来。通过确定发展的概念后再看,可知目前韩国的地方自治团体追求的发展战略存在很多问题。很多地方不是追求内发的发展,而是将重点放在吸引公共事业等外生因素上。

为了地区发展从外部吸引公共机关和企业,当然也是方法之一,但比这个更重要的是发挥出地区内在的能力。吸引公共项目和公共机关,也许为发挥地区内在的能力充当辅助手段,但没有本质而只强调辅助手段的发展战略即便成功了,也会有其根本的局限。地区发展应适合各地所处的生态环境,立足居民生存之生活的必需,实现居民的倡议和努力。所以,即使引进外来的知识和技术,也需要活用该地方的文化根底。真正的发展应与自然环境协调,应继承文化遗产,应通过与其他人或其他集团同乐与共,以提高人和社会的创造性。由此看来,地区开发要从发掘本地区内在个性和能力出发。

如果我们可以解读时代,解读场所,就可以制定出专属该地区的主题。为了一个地区固有的发展,不能模仿别的地区。当然有必要搜集其他地区的多种信息并彻底活用它。但即使把别的事例当做参考,也要设定出只属于自己的目标,开发出只属于自己的实践手段。地区开发就是精确解读自己所处的现场,解读出什么事情是可能的,然后独创出新的可能性的事业。所有地区其本身就是唯一的存在(Only One),而不是第一(Number One)。要用唯一设定主题。

人和

孟子曰:“三里之城,七里之郭,环而攻之而不胜。夫环而攻之,必有得天时者矣，然而不胜者，是天时不如地利也。城非不高也，池非不深也，兵革非不坚利也，米粟非不多也，委而去之，是地利不如人和也。”(《孟子·公孙丑下》1)

治理一个社会，比起其他资源应先得人心。成功或失败不是单靠时代的走向和组织的有形资源就可以决定的，比有形资源更重要的是成员用何种思想和态度去面对。历史上这样的例子很多。在越南，美国投入了大量的军备和物资，但还是被胡志明的军队所打退。战争的胜败不是靠物资，而是看他得到多少人的支持。

成员共享梦想的组织肯定会成功。就拿公司来说，如果劳资双方都认为公司的良性发展是共同的利益，那么该公司一定会运营得很好。好的社会是共鸣、共享、信任的社会。推动人类社会的竞争也只能在协调和微妙的均衡下才会可能。考虑整体和未来，培养共同利益，才有个人利益可得。表面上看来斤斤计较和自私的商业往来，也只能在增进相互间信任的社会网络中才能得到保护。①

子路问强。子曰：“故君子和而不流，强哉矫！”(《礼记·中庸》)

君子刚正不阿，不会被别人的意见所吞没，也不会偏向于哪一方。“和而不流”是指“和谐”但不“雷同”，强调了“和而不同”。孟子对此的理解是“从流下而忘反谓之流”(《孟子·梁惠王下》4)。

“和”是保持自己的个性，同时与人合作，创造新事物。君子不失自己的色彩，同时重视整体的框架、共同的基础。每个人对“共同利益”都有各自的标准，所以，面对与自己标准不相符的不和谐，会产生一种排斥感。看着皱皱巴巴、乱七八糟的宣传板，心情会很糟糕。看

① Robert D. Putnam, *Making Democracy Work*, New Jersey: Princeton University Press, 1992.

着地铁上不给老人让座的年轻人，心情会不舒服。虽然不是家人或者亲戚，但是看着处在困难的人，就想要去保护和帮助。

产生这种心情的根源是什么？无意中产生那种想法的理由，那种想法亦可分多种层次的理由是什么呢？所有的国家、城市、公司、个人等都有属于自己的特有个性。即使有各种差别，人都会在潜意识中各自抱有最低限度的公平意识和社会正义感。我们不能囿于小小的差异即小异，应当培养超越各自立场的美好共同即大同。现在我们生活的时代的问题和个人的问题不是只靠“我”和“非我”的斗争就能解决的。现在时代的问题只能在共存的共同体中解决。

风气的自治

历史是储存大量特殊案例的仓库。在这个仓库里发现一定的法则，才是我们学习历史的正确态度。不只战争和企业经营如此。城市开发专家查尔斯·兰德里(Charles Landry)在研究了世界各城市后发现，“一个城市的成功和失败不在该城市所拥有的有形资产，而在该城市为了解决问题选择了哪种路径”。

查尔斯·兰德里接着说：“从名胜、华丽的地方到显得无名而又没有希望的地方，反复咀嚼每个地方的调查，就会产生这样一个教训。成功的城市里只要有了想象力丰富的个人，有了善于活用想象力的创造性组织，就会有共享明确目标的政治文化。在发展中城市里活跃的中心人物都有这样的共同点：开放的视角、勇于冒险的挑战意识、战略性思维、明确的长期目标、以地区固有特点将弱项转变成强项以及积极学习的态度。这样的因素使人、项目、组织乃至城市发生创造性的改变。”①

不是说为了发展和成长，就要从中央政府得到优惠或列为有利地区。发展和成长的城市反而是居民紧抓不放中央抛弃的地方，有将逆境活用为资源的人的地方。在发展的地区有想要跨越制度的墙壁、资源的局限、具有爱心、热情和智慧的领导和居民。到穷困的地区看看，有很多人会说：“我们这儿没什么资源。”地区缺乏的不是资源，缺乏的是发现资源的眼睛，利用资源的智慧，以及迷恋于地区可能性的执着。不成熟的公务员被指使干事情，先说“没钱，没权”之类的话。想要开发居民无主人翁意识的地区，首先要求“拿钱来，给我们设施”。这样的地区，成员之间会相互诋毁，而当成员间相互诋毁时，地区和社会就会崩溃。

贫困村庄的人有一种特性，就是即使有所向往，也只是茫然地远望和等待。发展成长的村庄齐心协力行动起来，他们还是一盘散沙，众口嚷嚷地诋毁别人。地区最大的资源是人才，地区开发要从造就人才开始，以造就人才有活干的风气结束。但是现在韩国的地区开发战略方向却与此相反，由中央主导在大城市或特定地区造就出“典型”，然后通过辐射效应和均沾效应波及临近地方。结果呢？地区的风气渐渐变得粗糙和恶劣，成为只依赖而不负责的人的巢穴。

为了地区的发展，地区每个成员需要从内心培养共同体精神，然后让觉醒的人联袂合作。作为地区主体的居民得到发展，由他们创造纽带、培养风气，该地区的持续发展才有可能。为了地区成员能够培育共同体精神，造就地区主人行使权利与责任的风气，首先需要建造学习型文化。只有能够自我成熟的人，才能让别人成熟起来，但不可

① Charles Landry, *Creative City*, London: Earthscan, 2000.

能让所有居民一股脑都成熟起来。这种学习活动的重点目标是培养有觉悟的领导者。

为了减少一个社会不合理的痛苦，不可缺少自告奋勇地选择苦难之路，自愿承担痛苦的人。我们称这种人为领导者。我们想要发展一个地区，就要培养出热爱本地区的领导者。地区发展的出发点在于培养能够对地区社会负责的人才，促成这种人才发挥能力的体制是下一步的事情，而且完备这种体制的最终目标是建立一种健全的风气。将地区开发、城市管理融为一体，归根结底还是受到风气的影响。如此看来，地方自治是建立在风气之上的，归根结底是风气的自治。

第 26 章　一切始于名字

与一个有精彩人生的人谈话，会发现他的言谈间充满香气，因为在他那里有人生的主题。成功的企业、成功的城市也有其主题。有主题的地方就能聚集人。经营一个公司也好，管理一个地区也罢，要确定一个主题，并以主题一以贯之。

管理的首个课题是起名字

子路曰："卫君待子而为政，子将奚先？"子曰："必也正名乎！"子路曰："有是哉，子之迂也！奚其正？"子曰："野哉，由也！君子于其所不知，盖阙如也。名不正，则言不顺；言不顺，则事不成；事不成，则礼乐不兴；礼乐不兴，则刑罚不中；刑罚不中，则民无所措手足。故君子名之必可言也，言之必可行也。君子于其言，无所苟而已矣。"（《论语·子路》3）

孔子对于治国的问题，给出的答案只有简单的"正名"二字。但是，这并不简单。在当时的卫国，父亲没有父亲的样子，儿子没有儿子的样子，相互抱怨。为了顺利治理卫国，首先要的是正名。正名就是要明确概念及其作用，各自尽到符合他名分的任务。概念指导我们做什么和怎么做的心理方向。“正名”了，知道“父亲的意思是什么，儿子又是一种怎样的存在”。“家庭是什么，婚姻是什么，公务员是什么，居民又是什么”，要矫正基本的认识，以便尽自己应尽的责任。

名字表现某种事物、现象，或者是观念的属性和内容。名分与实际内容不同，会产生认识混乱，结果无法达到当初起名字时所企图的目标。这与如果对一个人的名字不甚了了，就会作出离题的判断是同一个道理。孔子将看起来微不足道的正名当作为政的首位，就是因为这个道理。

可是大多数人的想法可能和子路一样，认为掌握最高权力以后首先想正名，简直是不懂人情世故的狭隘的举动。名字出点差错，有什么大不了的事情？谁都会这么想。可是会看清问题根源的孔子并不这么认为，因为所有问题都起因于名分不对。名字是认识本质的窗口。名字错了，一切都会扭曲。

不只是孔子的时代，如今的政治社会也有很多话语被蹂躏着。话不通于常理，而被滥用为反意，欺骗人。人类社会和政治世界越来越险恶，究其根本，很多是由概念混乱导致的。家庭解体、信用不良、工作怠慢、作用弄反，都是因为将错误的概念付诸行动所致。

名分定作用、造商品

名字规定作用，赋予职能，规定“业”的概念。我们给一个课题起的名字决定着它的定位。如果将某城市的管理交通的部门起名为“联系科”或者“接近可能科”，就不可能只负责工程业务，因为不只汽车的移动和大众交通，还包括步行等重要因素。[1]

我们周围有经常更换名称的组织。但因为名字很重要，更换它要慎重。组织在三种情况下会经常更换名字，首先通常是为了逃避法网；其次是为了切断做错的过去；最后是名字不能体现该组织本质职能，或导致组织解体。不仅组织如此，个人也一样。自行对“业”确立的概念决定自己的作用和职能的半径。如果没把握好“行业的概念”，就不能实施好该行业的本来职能。例如，地方议会议员中有很多人以为自己是各地方的监察，而不是管理地方的主角；自己是地方行政的批判者，而不是地方未来的责任者，然后将自己置身事外。

再看看解释自己职业名称的匠心，区别老板和职员身份的例子。经营搬家公司的老板在结束创业三十周年庆典之后，回顾起了过去艰难的日子，边喝茶边问副会长：“你认为搬家公司是做什么的？”副手想当然地回答：“就是搬家的公司呗。”向经理和副经理也提出同样的问题，答案不约而同。听了职员的话，社长闭着眼睛，好像回忆过去，说道：

> 今天你们必须知道，你们大学毕业，为什么为连初中都没毕业的我工作。我小学毕业后，因为家境困难，连初中都没念成。当时，给贫穷的我工作机会的就是搬家公司。就业以后，我从没有认为搬家公司就是搬行李的地方，在我看来，搬家公司是给搬家的人搬去希望、期待以及快乐的地方。这样想，自己看自己觉得我在干非常出色的工作，因为我是一个能够给别人搬去希望、期待和快乐的人。所以，我对于自己的工作感

① Charles Landry, *Creative City*, London: Earthscan, 2000.

到自豪和骄傲。为了给每一位初次见面的人，以及以后也许再也见不到的搬家人送去希望、期待和快乐，我注意一言一行，尽心尽力。结果，搬完一次家，那个人就会记住我。我如今的公司和我的人生就是这样造就的。

大学毕业的副会长和理事们都只认为搬家公司就是搬运行李的地方，他们自己只是为了工资工作的打工仔而已。但是只有小学学历的老板，因为确立了自己对“业”的概念，为充实自己的主题而努力，才成为使唤很多人的老板。对自己的工作正名之差，造就了老板和职员之差。对自己的“业”的名分定位，决定了自己是老板还是职员。

确定名分，正确解名，既是业务的出发点，也是业务的终结点。正名不只适用于活着的存在，历史上的一切，还有比现在的情况更值得期待的一切都需要正名。比如，地方政府经营的是比该地现在的面貌更期望实现的状态。因此，经营地方的重中之重是为该地方应向往什么、达到什么目标①明确地正名。这项工作并不简单。每个地方自治团体办公楼的正门或主楼入口处都标有它所向往的志向。那个牌匾就是把该团体所向往的理念、政策以及要达到的形象，用简练的一句话表现出来。但是，韩国多数自治团体的牌匾，都未能把该地方想要达成的成功的形象言简意赅地表现出来。即使有，也很少与后继的计划相联系。

负责人的办公室或者过道入口处都有施政方针，但多数没有施政目标。施政方针是达到施政目标的手段，所以，只有设定施政目标以

① 目标：将来想要达成或到达的成功状态。目的与此不同，只是说为什么要达到目标的用心。目标是眼睛看得见的状态，目的是眼睛看不见的意识。人如果明确了自己的目标和目的，就会产生达到它的能量，也会集中精力。

后，才能设定相应的施政方针。去首尔是目标，乘坐公交或火车属于选择方针。不管农民多么的精心，如果只看着犁犁地，垄沟也不能笔直。因此，熟练的农夫会把前面远处的松树当做目标，将牛头与松树连成一条线，就会犁出笔直的垄沟。把松树作为目标，那么牛头与犁向着树木就是方针。

想有系统地行动，就要准备好脚本。脚本依据主题撰写，主题通过目标导出，目标是理念的具体化。把地区所向往的理念性方向用一句话概括出来的就是地区的名字，这个名字标榜着地区要达到的成功形象，同时也蕴含着政策的方向。因此，名字就是地区所有行为的出发点，同时也是归宿。

公务员没有可胸怀的地区理念，且这种理念没有成体系地反映到正在行动的地区计划之中，那么公务员们个人的努力只能各自为政，容易产生摩擦。相反，公务员每个人的努力向着同一种理念，这时每个人的行为就会有体系地投入，并联系到上级的计划之中。因此，公务员虽然在做各自的工作，但齐心向着共同的目标，结果是整体向着同一个方向前进。

愿景、热情与行动

没有想到的就无法表现，未曾表现的就不能实践。想法茫然而表现也茫然的话，自然无法实践。即使想法正确，也只有在表现正确的时候，才能产生共鸣和共享，一同付诸实践。表现不明显就看不到本质，不能做出正确的判断，结果不能构想出正确的政策。地区不像地区，就是该地区应该是什么样的地区、应该构思出什么样的政策等尚未严密确立的证据。没有所有人共同建构的愿望，那么该地区很难集中力量。该愿望来自对该地区的热情程度。

但是有很多人光有热情而没有愿景。精力旺盛，但没有愿景的人同样也很多。有美好的愿景，但不能付诸行动的人也很多。如果把行动跟不上愿景称作“白日梦”，那么没有愿景的行动如同“噩梦”。

想要治理一个地区，应该做以下的自我评价。

第一，自己是否有治理本地区的热情？有热情才有可能。

第二，自己是否有明确的愿景？愿景是说服他人，一同行动的设计图。

第三，自己是否有行动力？行动力是将愿景变为具体现实的力量。

愿景、热情和力量共同作用时，才能发挥出上升的效果。在英语中，“愿景”(vision)、“热情”(passion)和“行动”(action)都是以“-ion”结尾的单词。愿景、热情以及行动好比离子(ion)相结合，合成一个东西。所谓“离子结合”指不同的物质结合起来，形成新的一种物质的化学反应。地区想要发展，需要多种多样的人结合在一起，引起化学反应，然后才能激起新的浪潮，演绎出新的希望。愿景就是新希望的脚本。

为一个地区的人撰写能够共感现实、共享未来的脚本，需要有一个展望未来的“框架”。我们称之为地区的“理念”，是统一该地区居民意愿的哲学。基于这样的哲学，有体系地整理出的一个地区美好未来的就是长期计划。当居民、地方议会、全体公务员用行动实践以具体的目标和政策表现出的长期计划时，该地区就会呈现出自己应有的特色。当具体实践长期计划时地区能够达到的成功形象叫做愿景。所以，在治理一个地区的时候，如果一个地区的居民有了共享的愿景，那么其治理的基本就算确立了，剩下的就只是技术问题了。

地区发展是化学反应促成的，因为本地共同生活着很多人。地区居民各自的立场、作用、思维方式、经验和生活来历都不相同。地区就是靠这样的每个人亲手耕耘的。为使立场不同、思维方式和知识水平不同的每位居民相互合作来耕耘一个地区，就需要有所有人可共享的未来。很多人向往同一个方向，是因为他们共享未来的面貌。地区居民一起创造愿景，所有人都将其认定为主题并加以尊重，就可以把地区的力量拧成一股绳。只要有共享的愿景，就能集结力量，所以将成功形象——愿景表现为明确的名字才会如此重要。

长期综合规划是对愿景名字的解释

韩国的地方自治团体也为地域社会全体的未来及实践，确定着长期综合规划的目标。长期综合规划是提示地区经营的基本理念、发展方向、福利目标水平、土地利用构想、各种政策要点等的地区治理的指南针。但综观韩国众多自治团体的长期规划内容，有很多都以地区土地开发为中心。长期规划不能只确定单纯的土地利用方针，应该注重地区的社会规划。

制定长期规划，明确视角很重要。如果将规划期限定到20—30年的超长期，很难对治理基础确立具体的展望，同时也会发生长期不能修订地域发展规划的问题。所以长期规划的期限以10年为宜，必要时可适当改变既定规划并重新确立。为了共享愿景，需要共享制定过程。不管内容多么值得期待，如果是由外部专家独自制作的，那就没什么意义。地区愿景的树立只有让居民和行政部门产生共鸣，才能有共享未来的价值。制定愿景的主角理所当然的是居民和当地的公务员。

在制定愿景的过程中，公务员的参与会发挥多种的效果。要求公务员顾及地区的全局性目标，以长远的视角工作。同时，让他们想象着未来，捕捉立足现实的机会很重要。一般来说，大部分公务员只在现实中可能动员的手段范围内看未来，同时，利用短暂的会计年度与社会接触，又因为循环保职的人事制度，有不愿意往远处看的惰性。但是在确立地方自治团体的长期规划中让公务员参与，能成为教育公务员改良这种秉性的最好的教育机会。长期规划是以未来为基准映照现实的一面镜子。

只有一起制定的规划才能成为一起实践的契机。地区发展需要所有人的合力，主角仍然是居民。所以，制定凝聚所有人意志的愿景，一定要有居民参与。让居民提出意见，让他们参与审议委员会、听证会和恳谈会等，通过电子会议，超越时空的壁垒参与，成为规划确立的主人翁。地区的规划应该通过各方的参与和地区社会的协议过程加以确立，只有这样才能与特定政治领导人的交替无关，长久受到所有人的尊重。

有个教授盖完漂亮的房子后举办了乔迁仪式。乔迁仪式邀请了设计师、木匠、泥瓦匠和搬运工。邻里异口同声地赞美教授盖了漂亮的房子。但是房子是设计师、木匠和泥瓦匠们建造的，教授连一块砖也没有碰过，而邻里都说教授造的房子漂亮。设计地区、开发地区也一样，即使是由专家和市长设计、公务员和技术员作业，但这些都是以市民的名义、为了市民、是市民做的。最重要的是要让市民感受到这些。因为所有的负担都是由市民承受的，这里是市民生活的地方。

长期规划要包含未来后代的希望，并让后代负责。只有建造后代愿意生活的地区,才能成为长期规划梦想的目标。让未来的主人翁参与制定规划也很重要。以后代的小学生、初中生、高中生为对象,以"我想生活的地方"为主题,开展写生或写作大会,反映后代的期望和想法也是一种办法。后代参与到长期发展规划的制定,也能成为向他们宣传热爱家乡的教育机会。

但是目前韩国很少有地方具备这样的程序和内容,共享经地区社会协商过的经营理念和规划的地方也不多。即使制定了长期规划,也不过是地方议会和行政首长对自治团体二元代表机关控制的高层规范,发挥不出其功能。甚至也有不少是方向压根儿搞错,好话连篇,毫无意义可言的自卖自夸的规划。错误的愿景会误导方向,同时也会切断制定正确愿景的机会。如果不是正确的,还不如没有的好。

愿景也是有名字的。韩国大多数地方自治团体的长期规划的封面写有"某某市(郡)的长期综合规划"字样,愿景的这种写法与住宅门前门牌上不写主人的名字,只写"门牌"二字没有区别。门牌上即使不写"门牌"也当然是门牌,但门牌上应写住宅主人的专有名字。地方自治团体的长期综合规划,是那个自治团体对想要实现的固有愿景名字的解释。

地区开发不是只靠部分成年人实现的,也需要儿子、女儿、孙子、孙女同心协力参与。所以,愿景的名称要让成人和孩子都能理解,不是用形容词、莫名其妙的修辞点缀堆砌,而是要表现出具体的目标。还有每个人的理解要一致,成为所有人的共同主题,并且,该主题的主体始终都是居民。总之,为地域的规划起名并加以守护,是地方治理的起始和终结的举措。

不管是孔子治理卫国,还是现在治理一个地区,其根本都是一样的。正名和守名是一切治理的基础和基本。

第 27 章　一以贯之

尽快适应时代变化，乃是一切生存战略的基本。但也有其他东西与适应变化同样重要，那就是固守不可改变的本质性原则。时代在改变，仍固守自己原则的人是伟大的人；时代在改变，却仍固守自己原则的组织是伟大的组织。

伟大的人不动摇

一个人不论情况有多困难，有一贯坚持的原则，坚守而不动摇，那么他就是伟大的人。历史上引领时代的领导者都是在情况变化、陷入困境的时候仍然坚持自己的原则的人。自我坚持原则不变，说明他拥有固有的灵魂。

孔子迁于蔡三岁，吴伐陈。楚救陈，军于城父。闻孔子在陈蔡之闲，楚使人聘孔子。孔子将往拜礼，陈蔡大夫谋曰："孔子贤者，所刺讥皆中诸侯之疾。今者久留陈蔡之间，诸大夫所设行皆非仲尼之意。今楚，大国也，来聘孔子。孔子用于楚，则陈蔡用事大夫危矣。"于是乃相与发徒役围孔子于野。不得行，绝粮。从者病，莫能兴。孔子讲诵弦歌不衰。子路愠见曰:“君子亦有穷乎?”孔子曰:“君子固穷,小人穷斯滥矣。”子贡色作。孔子曰:“赐,尔以予为多学而识之者与?”曰:“然。非与?”孔子曰:“非也。予一以贯之。”(《史记·孔子世家》)①

对于弟子有关秘传的提问,孔子的答复是自己没有任何秘传。不是因为拥有什么秘传所以能走捷径,他解释道,自己在生活中一直为追求“道”而努力。所以,如果想在他身上真正学到什么,不是听他的话,而是看他的生活。②

孔子这样苦口婆心,弟子们还是不以为然,因为他们还不确定“道”到底意味着什么,而此时,迫在眉睫的是解决饥饿问题。但孔子决不会低头,因为他希望能够不停地让弟子们觉悟。

孔子知弟子有愠心,乃召子路而问曰:“诗云‘匪兕匪虎,率彼旷野’。吾道非邪?吾何为于此?”子路曰:“意者吾未仁邪?人之不我信也。意者吾未知邪?人之不我行也。”孔子曰:“有是乎!由,譬使仁者而必信,安有伯夷、叔齐?使知者而必行,安有王子比干?”子路出,子贡入见。孔子曰:“赐,诗云‘匪兕匪虎,率彼旷野’。吾道非邪?吾何为于此?”子贡曰:“夫子之道至大也,故天下莫能容夫子。夫子盖少贬焉?”孔子曰:“赐,良农能稼而不能为穑,良工能巧而不能为顺。君子能修其道,纲而纪之,统而理之,而不能为容。今尔不修尔道而求为容。赐,而志不远矣!”子贡出,颜回入见。孔子曰:“回,诗云‘匪兕匪虎,率彼旷野’。吾道非邪?吾何为于此?”颜回曰:“夫子之道至大,故天下莫能容。虽然,夫子推而行之,不容何病,不容然后见君子!夫道之不修也,是吾丑也。夫道既已大修而不用,是有国者之丑也。不容

---

① 司马迁:《史记·孔子世家》,中华书局 2000 年版,第 1554 页。——译者

② 조수익(赵洙翼)(譯):[日] 下村湖人,「이야기 논어」,한국뉴턴2000。

何病，不容然后见君子！”①

子路在饥饿下，被不见前路的黑暗现实所压抑，怀疑教诲和信念本身；子贡有鉴于艰难的情况而与现实妥协；颜回身体瘦弱，筋疲力尽，却信念坚定如泰山。同受孔子教育的弟子们，虽然吸收同样的精神食粮，但其态度却各不相同。

等待的孔子与坚持的弟子们

在凄惨、困窘、苟且的环境中，会出现救援之手吗？还是一死了之？在什么都不知道的情况下，在被饥饿扑倒的凄惨中，孔子能毅然坚持，力量的源泉是什么呢？那就是“一以贯之”。孔子不是熬过一天一天困难现实的人，他是以一颗等待美好未来的心一贯等待的圣人。等待的圣人孔子不是熬过每天的困窘，而是在等待自己的理想得以实现的社会到来。但是弟子们还没有具备自己所追求的确定不移的信仰，不能等待理想中的明天，只能熬过残酷的现实。

有道是，人生的 80％都是在等待中度过的。在社会生活中，“如果能够这样就好了”的想法如愿以偿的情况并不多。社会对自己的待遇大部分来得也比自己所认为的晚很久，所以，有很多人等不到社会承认自己，心慌意乱、手足无措。方法只有一个，等待。人活着就是等待。谁都不能约定和保证能够发挥自己能力的机遇什么时候到来。活着，就是等待，所以说等待很重要。

那么孔子能够等待的力量源泉在哪里呢？

孔子对曾子说：“吾道一以贯之。”大师孔子不动摇的秘诀在于为

---

① 司马迁：《史记·孔子世家》，中华书局 2000 年版，第 1555 页。——译者

了建造自己的理想社会,坚持一以贯之的原则。那原则又是什么呢?曾子认为是“忠恕”(《论语·里仁》15)。“忠”是把“心”放在“中”间的意思,是诚心尽意,即诚实的意思。“恕”是什么意思呢?

子贡问曰:“有一言而可以终身行之者乎?”子曰:“其‘恕’乎!己所不欲,勿施于人。”(《论语·卫灵公》24)

“恕”是“心”与“如”的合成字,意思是他人的心与我相同。何以通过自己的心理解他人的心情,通过自己的立场理解他人的处境,就是成就“仁”的方式。所以,孔子说,我不喜欢的事情,他人也不会喜欢;我不想做的事情也不强求他人做,还要进一步做到帮助别人一同成功。

子曰:“夫仁者,己欲立而立人,己欲达而达人。”(《论语·雍也》30)

孔子所警示的不是普通人办不到的神秘的事情。但问题是孔子贯彻的一个原则,曾子认为的“忠恕”不是一个原则,而是“忠”和“恕”两个字,两个原则。所以很多学者认为孔子一以贯之的原则就是“仁”。如果孔子想的一以贯之的原则真的是“仁”,那么在很多地方孔子就不必再三说“一以贯之”,直接说“仁以贯之”就可以了。“一”里肯定会有“仁”所不能表达的其他因素。即使“一”就是“仁”,也不好理解“仁”到底意味着什么。孔子在很多地方都说过“仁”的作用,但未曾断定过“仁”到底是什么。

比如,孔子对子张说仁是“恭宽信敏惠”,对颜回说仁是“克己复礼”,对樊迟说仁是“爱人”,对仲弓说仁是“己所不欲,勿施于人”。孔子所说的“仁”就是所有德行的总称。孔子在教育方式上采用根据病症不同而处方“应病与药”式的方法。对同样的提问,因对方的水平和教导的必要状况做出不同的回答。以此推想,对曾子所说“吾道一以贯之”的深刻含义，曾子水平有多高，就理解多高。所以曾子传达给别人道：“夫子之道，忠恕而已矣。”曾子说的“忠恕”就是孔子所追求的“仁”这个大主体的核心事项。

人对自己的要求和对他人的要求不一样。对自己慎重而又尽到诚心诚意，这就是“忠”。对他人就会产生孟子所说“恻隐之心”。人见孺子将入于井，都会有怵惕恻隐之心，这是人之常情，即“恕”。由此看来，“忠”和“恕”是孔子教导的“仁道”的原理原则的核心。

以什么一以贯之

原理原则是通用于任何时代、任何场所的铁律，换句话说，就是伟大的常识。原理原则不是特别难的，也不是不可思议的，当然也不是宗教的话语。原则是自己在日常中证实并遵守的。① 生活在社会上，想严格遵守原理原则并非易事。所以孔子的弟子子夏认为，只要遵守大是大非，即使不拘小节，问题也不大。

子夏曰：“大德不逾闲，小德出入可也。”（《论语·子张》11）

我们不能因为私人礼节疏忽公务，也不能为了私人义气损害原则，但是我们又不能对在不违背基本原则的前提下的通融和调节私人小事，非难其是违背原则。如同人要有不可动摇的原则，一个组织或城市想在社会上永葆其名，也要有自己遵守的原则。那么一个城市要发展，要以什么一以贯之？一言以蔽之，要以“理念和主题”一以贯之，以地区的愿景和主题一以贯之，要演绎“想要的城市”和“想要的村

① Stephen R. Covey, *The Seven Habits of Highly Effective People*, New York: Simon & Schuster, 1999.

落”。愿景就是想要的城市和村落的成功形象。

没有名字的人无法刻印名牌,也就没有一贯可坚持的名誉。地方治理的首要任务就是正名的理由也就在这里。和起名一样重要的任务就是使名字不间断地保持下去。正像地区要忠于自己的名字一样,领导者在日常生活中要实证自己的原则,因为实证自己的信念,就是领导者该坚持的道路。

为成为有成就的领导,需要有向着自己理想前进的信念。领导的最强大武器就是坚定不移的信念。用任何政治权术、任何政治算计都不能战胜他唯一的力量来源,即“一定成就的国家,一定成就的地方”的坚定信念。领导的强大力量不是来源于权力或者口才,当他需要的时候,毫不犹豫地献出自己的身体,以捍卫自己存在之理由的原则,就会产生强大的力量。

孔子说,自己耿直的行为不是来自学到和记忆的东西多,而是来自立足基本,贯彻原则,一以贯之,绝不动摇。但原则越单纯越不易坚持。所以说困难在于坚持最基础、最单纯的原则不变。

第 28 章　当下需要《论语》

孔子的教诲不是应被清算的历史遗物。孔子的思想是照亮 21 世纪的灯塔。孔子教导说：现实越残酷，越要有明确目标和理想，勇于面对现实。这样的教诲才是治愈当今社会重病的良方，现在，我们迫切需要 21 世纪的孔子。

为什么是《论语》

子路曰："愿闻子之志。"子曰："老者安之，朋友信之，少者怀之。"（《论语 · 公冶长》26）

也许孔子的话会被当成是普通的话，但是孔子的愿望是人类社会的理想本身。孔子朴素的梦想就是不同世代的大融合。如今的社会，人们所梦想的只是退休者安享余生，工作的人互相信任和合作，孩子们真心尊重和跟随前辈，前辈关爱和引导后辈。这样的社会就是理想社会。

人类社会由前代、现代和后代构成，代际传承文化，继往开来。但现在我们的代际间反目不和，鸿沟加深。如果孔子看到现在的样子，他会说些什么呢?有人说孔子是应该清算掉的历史文物,可能是以为孔子思想曾充当过韩国王朝官僚国家的守护神,所以主张该清算掉。但孔子对当时社会的腐败和堕落深恶痛绝,怀有革新的理想,并为实现革新政治孜孜不倦地努力过。儒家后来发展成统治阶级统治理论,但起初它是反体制的理论。

反体制理论是在将反体制视为目标的社会里,将反体制转成相反理论的过程。儒家是旧社会的理论,在旧社会瓦解的今天封杀孔子的主张,这看起来合情合理。儒学曾被用来拥护专制主义的君权,所以,儒学被现在的人所排斥。

但是如果深究本质,就会发现不是孔子的教诲有问题,而是恶意运用孔子的教诲有问题。

孔子不是落后的复古主义者或者保守主义者,他比任何人都渴望文化和社会的发展,并坚信这种发展,所以他不遗余力地向现实的恶习面对面地进行了斗争。① 孔子也不是与现实妥协的现实主义者,而是意欲改善现实的现实主义者,孔子是真正经受现实困苦的积极的斗士。但孔子的信念和教诲直到今天也没有完全实现,我们至今尚未体验到孔子梦想中的理想社会。

那么今天我们该怎样理解和解释孔子呢?虽说孔子是历史人物,但我们也不能按论者的历史观或者自己的偏见随意评价他。任何人都可以根据自己的立场去接近孔子,但不能脱离孔子思想本质的底线。正如苏格拉底那样,孔子出生在从王朝国家向城邦国家转型的时代。孔子生活在春秋末期,那是一个诸侯分裂、各种政治斗争不断加深的乱世。孔子辞世百余年后,中国出现大批思想家,各自主张自己

---

① 張基槿:『论语』,平凡社 1982。

的思想，迎来了百家争鸣的时代。特别是，孔子思想的信奉者们也各持己见，观点也不尽相同，研究孔子思想的人分成好几个派别。在这种情况下，后代门人聚在一起讨论编撰了孔子和弟子的语录。

古代记录个人思想的文献以《论语》和《孟子》为首，还有《墨子》、《老子》、《庄子》、《荀子》、《韩非子》等多种书籍。《论语》不叫《孔子》，是因为《论语》不单单是孔子的教诲，还有 7% 左右的内容是其弟子的话语，但比此更重要的是，《论语》有“相与辑而论纂”之意，因此以《论语》为名。《论语》不是普遍真理的思辨、抽象的说教，而是面对具体现实，浓缩了孔子和弟子们苦恼的问题和智慧。

逆境出大师

孔子于公元前 551 年出生在鲁国（今山东省）。探寻人间圣贤之路，并为人们指引这条圣贤之路的圣人孔子出生于非常贫寒的环境。父亲叔梁纥是鲁国的下级武士，他和正室有九名女儿，与小妾有一个叫孟皮的瘸腿儿子。据《史记》记载叔梁纥与颜在野合而生私生子孔子。母亲连“小妾”的名分都没有。孔子三岁时丧父，十七岁时丧母。

孔子在周围冷漠和蔑视的目光中成长。小时候，他在举行婚礼或葬礼的家庭做帮手。母亲去世后，二十岁出头的孔子做过鲁国大夫季氏家里的仓库委吏，做过饲养祭祀用牛和羊的乘田来维持生计。孔子能教诲人，是因为从小体验过人生的酸苦。孔子虽贫困而地位寒微，但没有误入歧途，所以能升华到美德的境界。孔子描述自己的年轻时代说：“吾少也贱，故多能鄙事。君子多乎哉？不多也。”（《论语·子罕》6）

如今我们周围有很多无缘无故而莫名其妙地反感孔子的人。那样的反感到底源自何处呢？因为截至目前，我们所读《论语》的说教里，刻画着完美的孔子形象。我们对孔子的反感，来自对他的完美和聪明的抵触情结。孔子并非小时候就显出神童的才能，也非很早就出人头地，拥有什么宗教和超人的能力。晚年孔子被尊为万世师表，但他流亡的某个时期却受到极端的蔑视，以致有“杀死孔子不算犯罪”的说法。有识之士想收留孔子都要看别人眼色，可见他是一个被时代抛弃的人。现实中，孔子一直是失败者。

正因为他是现实中的失败者，所以孔子更能接近他的理想社会。社会性的成功一般会限定一个人进一步成长的可能性，有时还会拒绝新的世界。所以说，思想原本是失败者的所有物。对于孔子来说，政治上的彷徨对发扬其思想是绝对必需的。在极限的情况中，人会通过不断堆积内心的矛盾而成长起来。在这样的过程中，人能伟大起来。①

理想主义的孔子不被社会所接受，所以一直受到冷漠和迫害，在冷笑中度日。下面看一个逸事：

长沮、桀溺耦而耕，孔子过之，使子路问津焉。长沮曰：“夫执舆者为谁？”子路曰：“为孔丘。”曰：“是鲁孔丘与？”曰：“是也。”曰：“是知津矣。”问于桀溺。桀溺曰：“子为谁？”曰：“为仲由。”曰：“是鲁孔丘之徒与？”对曰：“然。”曰：“滔滔者天下皆是也，而谁以易之？且而与其从辟人之士也，岂若从辟世之士哉？”耰而不辍。子路行以告，夫子怃然曰：“鸟兽不可与同群！吾非斯人之徒与而谁与？天下有道，丘不与易也。”（《论语·微子》6）

---

① ［日］白川靜：『孔子傳』，中公文庫2003。

这几个嘲笑孔子的人就是避世的隐士。世人嘲笑孔子不绕道走过荆棘之路，而是直接走过去。但孔子即使被世人嘲笑，只要是自己该走的路，尽管是荆棘也不嫌弃；只要是为了实现理想，再险峻的石头子田也去开垦而不放弃。逃避不良的世俗，超脱现实而生活下去，反而是对世俗本身的肯定。身处领导者位置的人不发挥领导者的作用，抛弃领导者的身份，社会就会陷入病态。拥有领导者的潜力，但不想当领导，他就是美好社会的敌人。

孔子一生备受侮辱，但未曾对侮辱自己的社会抱怨或愤怒。孔子不以人性善或人性恶为前提去看人类。用本来的样子看人，只是想对其展现救世济民的抱负而已。不论是在任何逆境中，孔子都是不放弃自己理想的理想主义者，又是人格完备者。

学习与教导，等待的圣人

孔子不强行去说服对方。说服对方所产生的高兴、喜悦和快感等的自我满足感与孔子的言论无关。孔子只是原原本本地说出自己所想，至于弟子、周边人或者后代人如何接受就任他们自己了。但孔子肯定是个不折不扣的理想主义者，为了救世济民积极入世。孔子正因为是理想主义者，所以他的现实人生挫折不断，人生的大部分时间都在挫折和流浪中度过。

孔子总是和弟子们一起行动，把自己的一切都展示给弟子。所以在《论语》中，与孔子的形象一起，也记录着弟子们多种面貌和姿态。这样的内容成为我们把《论语》当成“人学”的背景。那么孔子带领弟子们追求什么，想成就什么呢？以期待世俗的成功丝毫不可能的老师为首，所形成的孔子的教育团队警示给现今的意义是什么？

伟人拥有优秀的弟子。虽然孔子一生的大部分时间都是在挫折和逆境中度过，但弟子们没有离开不幸的老师。和耶稣、释迦牟尼、苏格拉底一样，孔子的教诲在当时并未被现实所接受和尊重。但正因为有优秀的弟子们，他的教诲才得以在后世绽放光芒。就像苏格拉底是通过柏拉图的几篇文章才走进我们当中一样，孔子也是通过弟子们编纂的《论语》才走进我们当中的。

那么，孔子的伟大人格是从哪里来的呢？还有，说孔子伟大，到底伟大到什么程度？说一个人伟大，其伟大体现在他的利用价值，因为他对这个那个有所帮助，所以说他伟大。但孔子却完全不同。对他的弟子们来说，孔子这个人的存在就已经足够了。当时有人认为，孔子的弟子子贡是比孔子更优秀的人。孔子晚年接收的新弟子陈子禽与孔子的谈话反映了这一内容：

陈子禽谓子贡曰："子为恭也，仲尼岂贤于子乎？"子贡曰："君子一言以为知，一言以为不知，言不可不慎也。夫子之不可及也，犹天之不可阶而升也。夫子之得邦家者，所谓立之斯立，道之斯行，绥之斯来，动之斯和。其生也荣，其死也哀，如之何其可及也？"（《论语·子张》25）

孔子是提倡温故知新、推陈出新的古典学家，同时他又是在现实社会提倡树立美好秩序的社会学家。我们称孔子为圣人，不是说他是什么宗教的或隐居的圣人，而是神圣的社会一员。孔子追求的救济不是救来世，当然不是可在天国得到的。孔子追求的是对人从出生直到离世的至上社会的救济，所以，孔子不是要推翻有问题社会的革命家。他救济被颠倒的社会，想要确立"有秩序的思想"，是乱世的思想家。①

① ［日］山本七平：『論語の讀み方』，文藝春秋 1997。

处于乱世，想到秩序；和平来了，不懂得恩惠，这就是当今社会人的样子。即便如此，平凡的我们总是期盼特殊和奇迹只出现在自己身上。所以，期待在社会的某个地方会产生奇迹，并将这种梦想寄托于自己信得过的领导者身上。但孔子不把奇迹挂在嘴边，也没说过期待奇迹。①

子不语：怪、力、乱、神。（《论语·述而》21）

孔子从不期待出现超人的英雄，赖此建立奇迹般的新秩序和理想社会。身处乱世虽然苦闷，也从没想过通过政变打倒暴君，因为他相信人类的文化胜利、人文主义的胜利和人道主义的胜利。孔子是彻底的现实主义者，是怀揣创造美好社会的理想，苦恼过、等待过的人类的老师。

“等待是只有人类才拥有的最高美德，人类之所以成为人类，最高条件就是等待。忍耐和等待意思似乎相同，其实不然。忍耐有自我意识的参与并伴随痛苦，但等待是没有自我意识参与的坚持以完成人格。光秃秃的树不是忍耐冬季，而是等待春暖花开。花不是在忍耐中

---

① 孔子不想用未得到证实的实体（realities）或非理性的办法解释问题。孔子并没有执意否定非理性的现象（怪）、暴力（力）、破坏社会秩序的动乱（乱）、超越人类力量的神秘的东西（神）的存在，可是不想把这些挂在嘴边，只表现出做学问的姿态。在这一点上我们可想到孔子的思想与康德的理性是相通的。在孔子的时代有很多人像殷代一样推崇占卜或咒术，但孔子主张不要寄托不可思议的咒术、鬼神等不科学的东西，而要立足于以人的觉悟为基础的人文主义和合理主义，并努力实践它。

与“怪、力、乱、神”相反的是宋代思想家谢良佐所说“常、德、治、人”。这句话提示我们做学问的态度。做大学问而有觉悟的人不纠缠于不可思议和怪异的现象，主张理性的实体。不能依赖非正常的东西，应该致力于如何才能助长德，以德应对。只主张治理和扶直秩序，不主张破坏和暴力。应该用人的理性和至诚以及文化的力量努力将现实社会合理地发展下去，不能依赖超越人类力量的神秘的力量或鬼神。引自張基槿：《论语》，首尔平凡社 1982 年版，第 184 页；[日]吉田贤抗：《论语》，东京明治书院 1960 年版，第 166 页。

开花,而是在等待地绽放"①。

孔子为匡正社会所做的工作就是在学习和讲授中等待。孔子将自己的一生描述如下。

子曰:"默而识之,学而不厌,诲人不倦,何有于我哉?"(《论语·述而》2)

孔子周游列国时不断学习和授课。只要是愿意学习,不论是谁都无差别地予以教导。因为他认为社会要靠政治救济,个人要靠教育救济。

孔子,那久远的未来之路

孔子希望积极入世,让百姓都富起来。

子曰:"贫而无怨难,富而无骄易。"(《论语·宪问》10)

对一个人来说,贫困本身就是逆境。处于逆境的人如果不刻薄或不抱怨,就是有大德的人了。富裕就算顺境了,生活在顺境中的人稍微自制一点,就不会傲慢。但是处于逆境的人不抱怨社会不是一件容易的事。所以,政治需要解决的最基本的"业"就是救济贫穷,让百姓富起来。

孔子自己也希望成为富翁,也期盼有做高官的机会。所以孔子说:"富而可求也,虽执鞭之士,吾亦为之。"(《论语·述而》12)但这不是他的全部,比当富人和当高官更重要的是用正当的办法达成这一目的。于是便有了如下的自我整理:"如不可求,从吾所好。"(《论语·述而》12)

① 최인호(崔仁浩):「유림」, 열림원2005。

无论是从世俗的意义还是洁癖的伦理观点看，孔子都是一个榜样。正因为如此，当我们推崇孔子为圣人并努力接近他时，很容易忽略他的本质。孔子的学识、思考尝试，以至肉体上的多种能力，都是一个平凡人所能达到的最高境界。孔子不拘泥又不粗野的高大形象不是神，而是普通人通过不懈地学习和反省能够达到的最高姿态。孔子之所以在我们心中一直有永恒魅力、形象永存的原因也在于此。

社会上见金钱不顾廉耻、为权力不择手段的人实在是太多了。这种人认为暗地里打探他人的弱点，然后进行攻击是一种智慧。也有不少人把战场上血淋淋的你死我活的原则用于同事之间，还为此绞尽脑汁。在把别人的弱点当作自己机会的村落里，所有人相互视为敌人或竞争对手，互相猜忌和敬而远之。在这样的村落里，人与人之间的关系只能是互相玩弄手段的关系。所以村落里的人总是焦虑不安。有钱的人因有钱而不安，没钱的人因没钱而愤慨。这样的村落无人间芬芳可言。这就是我们现今生活的社区的写照。

2013 年是韩国光复 68 周年。我们现在是否一边回忆着愤怒与憎恶的历史，而另一边为加重愤怒和憎恶的活动而筋疲力尽？说是清算过去，但让我们陷进过去的坟墓里，那才是重蹈过去覆辙的最可怕的灾难。清算过去不是为了掀翻过去的同时挖掘未来的坟墓。真正的清算过去是确立新模式以开启未来。但现在我们的不幸在于，我们拥有不理想的祖先和后代。祖先造就了不正当和有罪的过去，后代即现在的主人翁又只会否定过去，所以不幸叠加不幸。

我们说要揭发过去的不对，但却未能整理出我们今天生活的正确形象，并以实际行动展现出来。我们今天的形象与我们揭发的过去有什么差别？我们应该沉痛反省才对。今天，我们最需要的是和谐与宽容。和谐应该用信任感及其培养的传统之名去构建。而信任感来自我们生活的社区统一的规范。可是我们以促进现代化为名，对过去无条件地加以否定，彻底毁灭传统的秩序，这种态度仍处于现在进行时，结果是，如今的我们处在无规范的状态之中。现在，代际间无法对话也是因为传统崩溃，互相不共享“共同的古典”所致。

我们所要建立的“理想国”，只有在相互信任和拥抱时才能筑成。这个王道之路并不在遥远的地方，而是从很久以前就已经在我们的心里，伴随着我们生活到现在，所以，应该在心里寻找王道。如今我们要走的路，应该是敞开我们自己的心扉寻找心里早已有之的未来之路。现在要说的是，我们应该回归“久远的未来”。但这久远的未来之路不是谁都可以走的，所以孔子早在 2500 年前就为了成为那条路的路标而来到我们的身边。

参考文献

韩文文献

강형기:「관의논리 민의논리」, 비봉출판사1998。

강형기:「지방자치 가슴으로 해야 한다」, 비봉출판사1999。

강형기:「혁신과 진단」, 한국지방자치경영연구소1997。

강형기:「향부론」, 비봉출판사2001。

김진욱외(역): 막스 베버 저,「직업으로서의 학문」, 범우사1997。

민족문화추진회（편）:「石潭日記」, 솔1998。

박기봉:「논어」, 비봉출판사2003。

박기봉:「孟子」, 비봉출판사2001。

바영수:「미래예측리포트」, 중앙M&B 2005。

삼성경제연구소:「격동기–사람이경쟁력이다」, CEO Information，2004。

삼성경제연구소:「영국에서 배우는 위기관리」, CEO Information, 2005。

삼성경제연구소:「휴먼캐피털과 성장잠재력」, 三星经济研究所2003。

송찬문（譯）: 南懷瑾,「논어강의」, 씨앗을뿌리는사람2012。

張基槿:「论语」, 平凡社1982。

張基槿:「孟子」, 平凡社1980。

전병욱（譯）:「마오쩌뚱 – 孫子에게 길을 묻다」, 홍익출판사2004。（原著为野慶裕、張暉:「孫子兵法: 毛澤東智源」, 新潮社2003）

조수익（譯）:［日］下村湖人,「이야기 논어」, 한국뉴턴2000。

최우석:「三國志경영학」, Forbes Korea 2004。

최인호:「유림」, 열림원2005。

日文文献

「小さな親切」運動本部:『涙が出るほどいい話』,河出新房書社 1996。

安岡正篤:『東洋宰相學』,福村出版 1988。

安岡正篤:『論語の活學』,プレジデント社 1999。

安岡正篤:『人生の大則』,プレジデント社 2003。

安岡正篤:『王道の研究』,致知出版社 2004。

安岡正篤:『運命を創る』,プレジデント社 1985。

安岡正篤:『知命と立命』,プレジデント社 1991。

安岡正泰:『爲政三部書に學ぶ』,致知出版社 2003。

白川靜:『孔子傳』,中公文庫 2003。

北田曉大:『責任と正義』,勁草書房 2003。

長崎榮一:『人材の育成と組織の活性化』,ぎょうせい1995。

赤塚忠:『大學. 中庸』,明治書院 1967。

大橋武夫:『兵法孫子』,マネジメント社 1980。

稲盛和夫:『生き方』,サンマ－ク出版 2004。

地方公務員人事實驗會(編):『研修』,學陽書房 1993。

高坂正堯:『文明が衰亡するとき』,新潮選書 1981。

谷澤永一、渡部昇一:『人生は論語に窮まる』,PHP 研究所 2000。

谷澤永一:『人間學』,五月書房 2000。

和地孝:『人を大切にして人を動かす』,東洋經濟新聞社 2004。

和田秀樹:*A Bit of Practice Will Make You Sharp*,祥傳社 2004。

吉川幸次郎:『論語』上・下,朝日新聞社 1996。

吉田賢抗:『論語』,明治書院 2004。

寄本勝美(編):『公共を支える民』,コモンズ2001。

江口克彦:『部下の哲學』,PHP 文庫 2003。

江口克彦:『上司の哲學』,PHP 文庫 2001。

井上宏生:『孔子と論語がわかる事典』,日本實業出版社 2002。

堀敏一:『曹操』,刀水書房 2001。

内野態一郎:『孟子』,明治書院 1962。
森友幸照:『引き際の美學』,すばる舍 2002。
山本七平:『帝王學』,文藝春秋 1997。
山本七平:『論語の讀み方』,文藝春秋 1997。
攝擇榮一:『論語と算盤』,大和出版 1975。
攝擇榮一:『論語講義』,明德出版社 1975。
神野直彦:『自立した地域經濟のデザイン』,有斐閣 2004。
守屋淳:『活かす論語』,日本實業出版社 2003。
守屋淳:『孫子とビジネス戰略』,東洋經濟新聞社 2004。
守屋洋:『論語の人間學』,プレジデント社 1989。
守屋洋:『爲政三部書』,ビジネス社 1978。
守屋洋:『諸葛孔明の兵法』,德間書店 1977。
水野實:『孫子の兵法』,ナシメ社 2003。
司馬遼太郎:『人間というもの』,PHP 研究所 1998。
松本一男:『管子』,德問書店 1996。
田村一郎:『自律思想の展開』,北海道大學圖書刊行會 1989。
田中佩刀:『莊子のことば』,期文會 2003。
田中正博:『自治体の危機管理』,時事通信社 2003。
畑村洋太郎:『失敗學のすすめ』,講談社 2000。
童門冬二:『男の論語』上・下,PHP 文庫 2001。
土光敏夫:『經營の行動指針』,產能大學出版部 1996。
武岡淳彦:『孫子の經營學』,經營書院 1995。
武岡淳彦:『孫子を讀む』,プレジデント社 1998。
武田鏡村:『安岡正篤の行動學』,東洋經濟 2004。
小倉芳彦:『逆流と順流』,研文出版 1978。
小野澤精一:『韓非子』,明德出版社 1968。
塩野七生:『マキアヴェッリ語錄』,新潮社 2003。
養老孟司:『バカの壁』,新潮社 2003。
伊藤肇:『人間的魅力の研究』,日經ビジネス人文庫 2000。

伊藤肇:『現代の帝王學』,PHP 研究所 1993。

逸見龍生(譯):[法]Alain Joxe,『帝國と共和國』,青土社 2003。

宇野精一:『論語と日本の政治』,明治書院 2002。

正木義也、伴野朗:『三國志』,總合法令 2000。

中村聰:『管子の說く覇道』,明治書院 1999。

中尾政之(外):『これからの公共事業と技術職員の役割』,東京都職員研修所 2003。

中野孝次:『論語』,海龍社 2003。

中文文献

曹操等注,郭化若译:《十一家注孙子》,中华书局 1988 年版。

陈鼓应:《老子注译及评介》,中华书局香港分局 1987 年版。

陈鼓应:《庄子今注今译》,中华书局香港分局 1991 年版。

成君忆:《水煮三国》,中信出版社 2003 年版。

韩婴撰,许维遹校释:《韩诗外传集释》,中华书局 1980 年版。

焦循:《孟子正义》,中华书局 1987 年版。

孟芷:《贞观政要注译》,山东教育出版社 1992 年版。

钱穆:《孔子传》,三联书店 2002 年版。

司马迁:《史记》,三秦出版社 1988 年版。

王先谦:《荀子集解》,中华书局 1988 年版。

杨伯峻:《列子集释》,中华书局 1985 年版。

杨伯峻:《论语译注》,中华书局 1990 年版。

张秉楠:《孔子传》,吉林文史出版社 1991 年版。

朱熹集注:《四书集注》,香港太平书局 1986 年版。

英文文献

Cohen, Alan, *Handle with Prayer*, London: Hay House, Inc., 1998.

Covey, Stephen R., *The Seven Habits of Highly Effective People*, New York: Simon & Schuster, 1999.

Gandhi, M. K., *Indian Home Rule*, Madras: Ganesg & Co., 1908.

Gardner, John W. ,*On Leadership*, New York: The Free Press, 1992.

Glazer, Amihai and Lawrence S. Rothenberg, *Why Government Succeeds and Why It Fails*, Cambridge: Harvard University Press, 2001.

Halberstam, Joshua, *Work*, New York: Discover 21, Inc. , 2000.

Hammond, John S. , Ralph L. Keeney and HowardRaiffa, *Smart Choice*, New York: Harvard Business Press, 1999.

Jansen, Marius B, *Sakamoto Ryoma and the Meiji Restoration*, New Jersey: Princeton University Press, 1961.

Keller, Jeff, *Attitude is Everything*, New York: Attitude is Everything, Inc. , 1999.

Landry, Charles, *Creative City*, London: Earthscan, 2000.

Manzoni, Jean-Francois & Jean-LouisBarsoux, *The Set-up-to-Fail Syndrome: How Good Managers Cause Great People to Fail*, Boston: Harvard Business School Press, 2002.

Osborne, David and TedGaebler, *Reinventing Government*, New York: International Creative Management, Inc. , 1992.

Putnam, Robert D. ,*Making Democracy Work.*, New Jersey: Princeton University Press, 1992.

Schneewind, Jerome B. , *The Invention of Autonomy*, Cambridge: Cambridge University Press, 1998.

Tichy, Noel M. and Mary Anne Devanna, *The Transformational Leader*, New York: John Wiley & Sons, Inc. , 1986.

Tocqueville, Alexis De, *Democracy in America*, New York: Library of America, 2004.

Wolf, Charles, Jr. , *Market and Government*, Massachusetts: The MIT Press, 1990.